UN FRANC LA LIVRAISON.

LE
CASIER DES LOIS

ANCIENNES & NOUVELLES.

par Michel Théophile Aubert

1863

PREMIÈRE LIVRAISON

SOMMAIRE

1° La Constitution ;

2° Décrets organique et réglementaire pour l'Election des Députés au Corps législatif ;

3° Complément de la Constitution ;

4° Décret fixant le nombre des Députés à élire et Tableau de leur nombre par départements (Elections de 1863) ;

5° Code alphabétique des Infractions (1re section) ;

6° Annuaire des Hommes utiles (1re section).

PARIS

BOURSELET, Libraire,
Rue Christine, 5.

HAVRE

FOUCHER, Libraire,
Rue de Paris, 89.

ET CHEZ TOUS LES LIBRAIRES DE L'EMPIRE.

HAVRE. — IMP. CARPENTIER ET Cie.

LE
CASIER DES LOIS

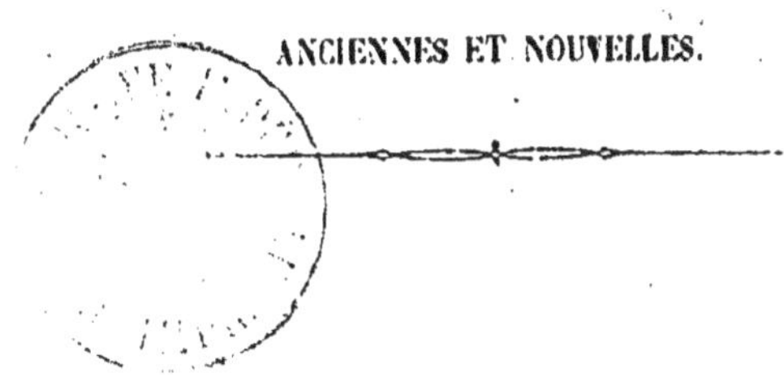

ANCIENNES ET NOUVELLES.

Éviter aux magistrats et fonctionnaires publics de tous les degrés des pertes de temps précieux, diminuer leurs fatigues en facilitant les recherches qu'ils sont constamment obligés de faire dans l'immense encyclopédie des lois, porter ces lois à la connaissance de toutes les personnes qu'elles intéressent, c'est-à-dire à la connaissance de tous ceux qui, habitant le territoire de la France, sont régis par les lois françaises, tel est le but de la publication du Casier des Lois.

Deux moyens ont été adoptés pour vulgariser le plus possible cette utile publication ; ils consistent : 1° dans un extrême bon marché ; 2° dans son mode de classification.

Toutes les lois usuelles s'y trouveront classées par ordre de matières et par ordre chronologique.

Ce vaste recueil paraîtra sur format grand in-8° ; chaque livraison contiendra plusieurs séries de texte.

La première série se composera d'une section des lois anciennes promulguées avant 1789 et depuis cette époque jusqu'au 15 mars 1863.

Les autres séries contiendront toutes les lois nouvelles d'intérêt général ainsi que les décisions diverses en matière de législation, de jurisprudence, d'administration et de personnel édictées dans l'intervalle de la publication d'une livraison à l'autre, à partir du 16 mars 1863, date du 7me anniversaire de la naissance de S. A. I. le Prince Impérial.

Les sections des lois anciennes recevront un titre spécial et toutes les lois se rapportant à ce titre seront classées par ordre chronologique.

Ainsi, sous les mots : « Agriculture, Arts et Métiers, Chasse, Commerce, Culte, Élections, Finances, Pêche, Presse, Roulage, Voirie, etc., etc., » se trouveront réunies les lois concernant l'agriculture, les arts et métiers, la chasse, le commerce, etc.

En outre, le Casier des Lois publiera, par fractions périodiques, l'ANNUAIRE DES HOMMES UTILES (nominations diverses et récompenses d'ordre civil insérées au *Moniteur*), et de deux en deux livraisons, alternativement avec les Lois nouvelles, une section du CODE ALPHABÉTIQUE DES INFRACTIONS, ouvrage inédit et qui ne sera vendu en librairie qu'après son entière publication dans le Casier des Lois.

L'ordre alphabétique ne sera pas observé pendant le cours de la publication des Lois anciennes, mais l'édition est disposée de telle sorte que les diverses sections réunies, chacune occupant la place qui lui sera assignée par son titre, formeront un Code général qui offrira pour les recherches une netteté et une simplicité qui n'existent dans aucune autre publication et qui fera du Casier des Lois un véritable Guide civil et judiciaire à l'usage et à la portée de tout le monde.

CONSTITUTION. [1]

14 Janvier 1852.

Le Président de la République,

Considérant que le peuple français a été appelé à se prononcer sur la résolution suivante :

« Le peuple veut le maintien de l'autorité de Louis-Napoléon Bonaparte, et
» lui donne les pouvoirs nécessaires pour faire une Constitution d'après les
» bases établies dans sa proclamation du 2 décembre ; »

Considérant que les bases proposées à l'acceptation du peuple étaient :

« 1º Un chef responsable nommé pour dix ans ;
» 2º Des ministres dépendant du pouvoir exécutif seul ;
» 3º Un conseil d'État formé des hommes les plus distingués, préparant les
» lois et en soutenant la discussion devant le Corps législatif ;
» 4º Un Corps législatif discutant et votant les lois, nommé par le suffrage
» universel, sans scrutin de liste qui fausse l'élection ;
» 5º Une seconde assemblée formée de toutes les illustrations du pays, pou-
» voir pondérateur, gardien du pacte fondamental et des libertés publiques ; »

Considérant que le peuple a répondu affirmativement par sept millions cinq cent mille suffrages,

Promulgue la Constitution dont la teneur suit :

TITRE Iᵉʳ.

Art. 1ᵉʳ. La Constitution reconnaît, confirme et garantit les grands principes proclamés en 1789, et qui sont la base du droit public des Français.

TITRE II.

FORMES DU GOUVERNEMENT DE LA RÉPUBLIQUE.

2. Abrogé par l'art. 17 du sénatus-consulte du 25 déc. 1852.

3. Le Président de la République gouverne au moyen des ministres, du conseil d'État, du Sénat et du Corps législatif.

4. La puissance législative s'exerce collectivement par le Président de la République, le Sénat et le Corps législatif.

TITRE III.

DU PRÉSIDENT DE LA RÉPUBLIQUE.

5. Le Président de la République est responsable devant le peuple français, auquel il a toujours le droit de faire appel.

6. Le Président de la République est le chef de l'État ; il commande les forces

---

(1) V. les décrets des 2 fév. 1852, 8 mars 1852, 2 déc. 1852, et les sénatus-consultes des 7 nov. 1852, 25 déc. 1852, 31 déc. 1852, 17 juillet 1856, 2 fév. 1861 et 31 déc. 1861.

de terre et de mer, déclare la guerre, fait les traités de paix, d'alliance et de commerce, nomme à tous les emplois, fait les règlements et décrets nécessaires pour l'exécution des lois.

7. La justice se rend en son nom.

8. Il a seul l'initiative des lois.

9. Abrogé par l'art. 17 du sénatus-consulte du 25 déc. 1852.

10. Il sanctionne et promulgue les lois et les sénatus-consultes (1).

11. Abrogé par l'art. 17 du sénatus-consulte du 25 déc. 1852.

12. Il a le droit de déclarer l'état de siége dans un ou plusieurs départements, sauf à en référer au Sénat dans le plus bref délai. — Les conséquences de l'état de siége sont réglées par la loi.

13. Les ministres ne dépendent que du chef de l'État ; ils ne sont responsables, que chacun en ce qui le concerne, des actes du Gouvernement ; il n'y a point de solidarité entre eux ; ils ne peuvent être mis en accusation que par le Sénat.

14. Les ministres, les membres du Sénat, du Corps législatif et du conseil d'État, les officiers de terre et de mer, les magistrats et les fonctionnaires publics prêtent le serment ainsi conçu : Je jure obéissance à la Constitution et fidélité au Président (2).

15. Abrogé par l'art. 17 du sénatus-consulte du 25 décembre 1852.

16. Abrogé par l'art. 17 du sénatus-consulte du 25 décembre 1852.

17. Abrogé par l'art. 17 du sénatus-consulte du 25 décembre 1852.

18. Abrogé par l'art. 17 du sénatus-consulte du 25 décembre 1852.

TITRE IV.

DU SÉNAT.

19. Remplacé par l'art. 10 du sénatus-consulte du 25 décembre 1852.

20. Le Sénat se compose :

1° Des cardinaux, des maréchaux, des amiraux ;

2° Des citoyens que le Président de la République juge convenable d'élever à la dignité de sénateur.

21. Les sénateurs sont inamovibles et à vie.

22. Abrogé par l'art. 11 du sénatus-consulte du 25 déc. 1852.

23. Le président et les vice-présidents du Sénat sont nommés par le Président de la République et choisis parmi les sénateurs.

Ils sont nommés pour un an.

Le traitement du président du Sénat est fixé par un décret.

24. Le Président de la République convoque et proroge le Sénat. Il fixe la durée de ses sessions par un décret.

Les séances du Sénat ne sont pas publiques.

25. Le Sénat est le gardien du pacte fondamental et des libertés publiques. Aucune loi ne peut être promulguée avant de lui avoir été soumise.

26. Le Sénat s'oppose à la promulgation,

1° Des lois qui seraient contraires ou qui porteraient atteinte à la Constitution, à la religion, à la morale, à la liberté des cultes, à la liberté individuelle, à l'égalité des citoyens devant la loi, à l'inviolabilité de la propriété et au principe de l'inamovibilité de la magistrature ;

2° De celles qui pourraient compromettre la défense du territoire.

27. Le Sénat règle par un sénatus-consulte :

1° La constitution des colonies et de l'Algérie ;

2° Tout ce qui n'a pas été prévu par la Constitution et qui est nécessaire à sa marche ;

3° Le sens des articles de la Constitution qui donnent lieu à différentes interprétations.

28. Ces sénatus-consultes seront soumis à la sanction du Président de la République et promulgués par lui.

29. Le Sénat maintient ou annule tous les actes qui lui sont déférés comme

---

(1) V. Décret du 2 déc. 1852.

(2) Formule modifiée par l'art. 16 du sénatus consulte du 25 déc. 1852.

inconstitutionnels par le Gouvernement, ou dénoncés, pour la même cause, par les pétitions des citoyens.

30. Le Sénat peut, dans un rapport adressé au Président de la République, poser les bases des projets de loi d'un grand intérêt national.

31. Il peut également proposer des modifications à la Constitution. Si la proposition est adoptée par le Pouvoir exécutif, il y est statué par un sénatus-consulte.

32. Néanmoins, sera soumise au suffrage universel toute modification aux bases fondamentales de la Constitution, telles qu'elles ont été posées dans la proclamation du 2 décembre et adoptées par le peuple français.

33. En cas de dissolution du Corps législatif, et jusqu'à une nouvelle convocation, le Sénat, sur la proposition du Président de la République, pourvoit, par des mesures d'urgence, à tout ce qui est nécessaire à la marche du Gouvernement.

TITRE V.

DU CORPS LÉGISLATIF.

34. L'élection a pour base la population (1).

35. Il y aura un député au Corps législatif à raison de trente-cinq mille électeurs (2).

36. Les députés sont élus par le suffrage universel, sans scrutin de liste.

37. Ils ne reçoivent aucun traitement (3).

38. Ils sont nommés pour six ans.

39. Le Corps législatif discute et vote les projets de loi et l'impôt.

40. Tout amendement adopté par la commission chargée d'examiner un projet de loi sera renvoyé, sans discussion, au conseil d'État par le président du Corps législatif. — Si l'amendement n'est pas adopté par le conseil d'État, il ne pourra pas être soumis à la délibération du Corps législatif.

41. Les sessions ordinaires du Corps législatif durent trois mois ; ses séances sont publiques ; mais la demande de cinq membres suffit pour qu'il se forme en comité secret.

42. Le compte rendu des séances du Corps législatif par les journaux ou tout autre moyen de publication ne consistera que dans la reproduction du procès-verbal dressé, à l'issue de chaque séance, par les soins du président du Corps législatif (4).

43. Le président et les vice-présidents du Corps législatif sont nommés par le Président de la République pour un an; ils sont choisis parmi les députés. Le traitement du président du Corps législatif est fixé par un décret.

44. Les ministres ne peuvent être membres du Corps législatif.

45. Le droit de pétition s'exerce auprès du Sénat. Aucune pétition ne peut être adressée au Corps législatif.

46. Le Président de la République convoque, ajourne, proroge et dissout le Corps législatif. En cas de dissolution, le Président de la République doit en convoquer un nouveau dans le délai de six mois.

TITRE VI.

DU CONSEIL D'ÉTAT.

47. Le nombre des conseillers d'État en service ordinaire est de quarante à cinquante.

48. Les conseillers d'État sont nommés par le Président de la République, et révocables par lui.

49. Remplacé par l'art. 2 du sénatus-consulte du 25 décembre 1852.

---

(1) V. le décret du 2 fév. 1852, organique pour l'élection des députés au Corps législatif.

(2) Modifié par le sénatus-consulte du 27 mai 1857. V. Elections.

(3) Abrogé par l'article 17 du sénatus-consulte du 25 déc. 1852, et remplacé par l'art. 11 de ce même sénatus-consulte.

(4) Modifié par le sénatus-consulte du 2 fév 1861.

50. Le conseil d'Etat est chargé, sous la direction du Président de la République, de rédiger les projets de loi et les réglements d'administration publique, et de résoudre les difficultés qui s'élèvent en matière d'administration.

51. Il soutient, au nom du Gouvernement, la discussion des projets de loi devant le Sénat et le Corps législatif.

Les conseillers d'Etat chargés de porter la parole au nom du Gouvernement sont désignés par le Président de la République.

52. Le traitement de chaque conseiller d'Etat est de vingt-cinq mille francs.

53. Les ministres ont rang, séance et voix délibérative au conseil d'Etat.

TITRE VII.

DE LA HAUTE COUR DE JUSTICE.

54. Une Haute Cour de justice juge, sans appel ni recours en cassation, toutes personnes qui auront été renvoyées devant elle comme prévenues de crimes, attentats ou complots contre le Président de la République ou contre la sûreté intérieure ou extérieure de l'Etat.

Elle ne peut être saisie qu'en vertu d'un décret du Président de la République.

55. Un sénatus-consulte déterminera l'organisation de cette Haute Cour.

TITRE VIII.

DISPOSITIONS GÉNÉRALES ET TRANSITOIRES.

56. Les dispositions des Codes, lois et réglements existants, qui ne sont pas contraires à la présente Constitution, restent en vigueur jusqu'à ce qu'il y soit legalement dérogé.

57. Une loi déterminera l'organisation municipale. Les maires seront nommés par le pouvoir exécutif, et pourront être pris hors du conseil municipal.

58. La présente Constitution sera en vigueur à dater du jour où les grands corps de l'Etat qu'elle organise seront constitués. Les décrets rendus par le Président de la République, à partir du 2 décembre jusqu'à cette époque, auront force de loi.

ÉLECTIONS.

2 Février 1852

DÉCRET ORGANIQUE

Pour l'élection des députés au Corps législatif.

TITRE 1er.

DU CORPS LÉGISLATIF.

ART. 1er. Chaque département aura un député en raison de trente-cinq mille électeurs ; néanmoins, il est attribué un député de plus à chacun des départements dans lesquels le nombre excédant des électeurs s'élève à vingt-cinq mille. En conséquence, le nombre total des députés au prochain Corps législatif est de deux cent soixante-et-un. — L'Algérie et les colonies ne nomment pas de députés au Corps législatif.

2. Chaque département est divisé, par un décret du pouvoir exécutif, en cir-

conscriptions électorales égales en nombre aux députés qui lui sont attribués par le tableau annexé à la présente loi. — Ce tableau sera révisé tous les cinq ans. — Chaque circonscription élit un seul député (1).

3. Le suffrage est direct et universel. — Le scrutin est secret. — Les électeurs se réunissent au chef-lieu de leur commune. — Chaque commune peut néanmoins être divisée, par arrêté du préfet, en autant de sections que le rend nécessaire le nombre des électeurs inscrits; l'arrêté pourra fixer le siége de ces sections hors du chef-lieu de la commune.

4. Les colléges électoraux sont convoqués par un décret du pouvoir exécutif. L'intervalle entre la promulgation du décret et l'ouverture des colléges électoraux est de vingt jours au moins.

5. Les opérations électorales sont vérifiées par le Corps législatif, qui est seul juge de leur validité.

6. Nul n'est élu ni proclamé député au Corps législatif, au premier tour de scrutin, s'il n'a réuni, — 1° la majorité absolue des suffrages exprimés; — 2° un nombre de voix égal au quart de celui des électeurs inscrits sur la totalité des listes de la circonscription électorale. — Au second tour de scrutin, l'élection a lieu à la majorité relative, quel que soit le nombre des votants; dans le cas où les candidats obtiendraient un nombre égal de suffrages, le plus âgé sera proclamé député.

7. Le député élu dans plusieurs circonscriptions électorales doit faire connaître son option au président du Corps législatif dans les dix jours qui suivront la déclaration de la validité de ces élections.

8. En cas de vacance par option, décès, démission ou autrement, le collége électoral qui doit pourvoir à la vacance est réuni dans le délai de six mois.

9. Les députés ne pourront être recherchés, accusés ni jugés en aucun temps pour les opinions qu'ils auront émises dans le sein du Corps législatif.

10. Aucune contrainte par corps ne peut être exercée contre un député durant la session et pendant les six semaines qui l'auront précédée ou suivie.

11. Aucun membre du Corps législatif ne peut, pendant la durée de la session, être poursuivi ni arrêté en matière criminelle, sauf le cas de flagrant délit, qu'après que le Corps législatif a autorisé la poursuite.

TITRE II.

DES ÉLECTEURS ET DES LISTES ÉLECTORALES.

12. Sont électeurs, sans condition de cens, tous les Français, âgés de vingt-et-un ans accomplis, jouissant de leurs droits civils et politiques.

13. La liste électorale est dressée, pour chaque commune, par le maire. Elle comprend, par ordre alphabétique, — 1° tous les électeurs habitant dans la commune depuis six mois au moins; — 2° ceux qui, n'ayant pas atteint, lors de la formation de la liste, les conditions d'âge et d'habitation, doivent les acquérir avant la clôture définitive.

14. Les militaires en activité de service et les hommes retenus pour le service des ports ou de la flotte, en vertu de leur immatriculation sur les rôles de l'inscription maritime, seront portés sur les listes des communes où ils étaient domiciliés avant leur départ. — Ils ne pourront voter pour les députés au Corps législatif que lorsqu'ils seront présents, au moment de l'élection, dans la commune où ils seront inscrits.

15. Ne doivent pas être inscrits sur les listes électorales, — 1° les individus privés de leurs droits civils et politiques par suite de condamnation, soit à des peines afflictives ou infamantes, soit à des peines infamantes seulement; 2° ceux auxquels les tribunaux, jugeant correctionnellement, ont interdit le droit de vote et d'élection, par application des lois qui autorisent cette interdiction; — 3° les condamnés pour crime à l'emprisonnement, par application de l'art. 463 du Code pénal; — 4° ceux qui ont été condamnés à trois mois de prison par application des art. 318 et 423 du Code pénal; 5° les condamnés pour vol, escroquerie, abus de confiance, soustraction commise par les dépositaires de

____

(1) Le nombre et la composition des circonscriptions électorales ont été fixés par décret du 3 fév. 1852.

deniers publics, ou attentats aux mœurs, prévus par les art. 330 et 334 du Code pénal, quelle que soit la durée de l'emprisonnement auquel ils ont été condamnés; — 6° les individus qui, par application de l'art. 8 de la loi du 17 mai 1819 et de l'art. 3 du décret du 11 août 1848, auront été condamnés pour outrage à la morale publique et religieuse ou aux bonnes mœurs, et pour attaque contre le principe de la propriété et les droits de la famille; — 7° les individus condamnés à plus de trois mois d'emprisonnement en vertu des art. 31, 33, 34, 35, 36, 38, 59, 40, 41, 42, 45, 46 de la présente loi; — 8° les notaires, greffiers et officiers ministériels destitués en vertu de jugements ou décisions judiciaires; — 9° les condamnés pour vagabondage ou mendicité; — 10° ceux qui auront été condamnés à trois mois de prison au moins, par application des articles 439, 443, 444, 445, 446, 447 et 452 du Code pénal; — 11° ceux qui auront été déclarés coupables des délits prévus par les art. 410 et 411 du Code pénal et par la loi du 21 mai 1836 portant prohibition des loteries; — 12° les militaires condamnés au boulet ou aux travaux publics; — 13° les individus condamnés à l'emprisonnement par application des art. 38, 41, 43 et 45 de la loi du 21 mars 1833 sur le recrutement de l'armée, — 14° les individus condamnés à l'emprisonnement par application de l'art. 1er de la loi du 27 mars 1851; — 15° ceux qui ont été condamnés pour délit d'usure; — 16° les interdits; — 17° les faillis non réhabilités dont la faillite a été déclarée soit par les tribunaux français, soit par jugements rendus à l'étranger, mais exécutoires en France.

16. Les condamnés à plus d'un mois d'emprisonnement pour rébellion, outrages et violences envers les dépositaires de l'autorité ou de la force publique, pour outrages publics envers un juré à raison de ses fonctions ou envers un témoin à raison de sa déposition, pour délits prévus par la loi sur les attroupements et la loi sur les clubs, et pour infractions à la loi sur le colportage, ne pourront pas être inscrits sur la liste électorale pendant cinq ans, à dater de l'expiration de leur peine.

17. Les listes électorales qui ont servi au vote des 20 et 21 décembre 1851 sont déclarées valables jusqu'au 31 mars 1853.

18. Les listes électorales sont permanentes. — Elles sont l'objet d'une révision annuelle. — Un décret du pouvoir exécutif déterminera les règles et les formes de cette opération.

19. Lors de la révision annuelle, et dans les délais qui seront réglés par les décrets du pouvoir exécutif, tout citoyen omis sur la liste pourra présenter sa réclamation à la mairie. — Tout électeur inscrit sur l'une des listes de la circonscription électorale pourra réclamer la radiation ou l'inscription d'un individu omis ou indûment inscrit. — Le même droit appartient aux préfets et aux sous-préfets. — Il sera ouvert, dans chaque mairie, un registre sur lequel les réclamations seront inscrites par ordre de date. Le maire devra donner récépissé de chaque réclamation. — L'électeur dont l'inscription aura été contestée en sera averti sans frais, par le maire, et pourra présenter ses observations.

20. Les réclamations seront jugées par une commission composée, à Paris, du maire et de deux adjoints; partout ailleurs, du maire et de deux membres du conseil municipal désignés par le conseil.

21. Notification de la décision sera, dans les trois jours, faite aux parties intéressées par le ministère d'un agent assermenté. — Elles pourront interjeter appel dans les cinq jours de la notification.

22. L'appel sera porté devant le juge de paix du canton; il sera formé par simple déclaration au greffe; le juge de paix statuera dans les dix jours, sans frais ni forme de procédure, et sur simple avertissement, donné trois jours à l'avance à toutes les parties intéressées. — Toutefois si la demande portée devant lui implique la solution préjudicielle d'une question d'État, il renverra préalablement les parties à se pourvoir devant les juges compétents, et fixera un bref délai dans lequel la partie qui aura élevé la question préjudicielle devra justifier de ses diligences. — Il sera procédé, en ce cas, conformément aux articles 855, 856 et 858 du Code de procédure.

23. La décision du juge de paix est en dernier ressort, mais elle peut être déférée à la Cour de cassation. — Le pourvoi n'est recevable que s'il est formé dans les dix jours de la notification de la décision. — Il n'est pas suspensif. —

Il est formé par simple requête, dénoncée aux défendeurs dans les dix jours qui suivent ; il est dispensé de l'intermédiaire d'un avocat à la Cour, et jugé d'urgence, sans frais ni consignation d'amende. — Les pièces et mémoires fournis par les parties sont transmis sans frais par le greffier de la justice de paix au greffier de la Cour de cassation. — La chambre des requêtes de la Cour de cassation statue définitivement sur le pourvoi.

24. Tous les actes judiciaires, sont en matière électorale, dispensés du timbre et enregistrés gratis. — Les extraits des actes de naissance nécessaires pour établir l'âge des électeurs sont délivrés gratuitement, sur papier libre, à tout réclamant. Ils portent en tête de leur texte l'énonciation de leur destination spéciale et ne peuvent servir à aucune autre.

25. L'élection est faite sur la liste révisée pendant toute l'année qui suit la clôture de la liste.

TITRE III.

DES ÉLIGIBLES.

26. Sont éligibles, sans condition de domicile, tous les électeurs âgés de vingt-cinq ans.

27. Sont déclarés indignes d'être élus les individus désignés aux art. 15 et 16 de la présente loi.

28. Sera déchu de la qualité de membre du Corps législatif tout député qui, pendant la durée de son mandat, aura été frappé d'une condamnation emportant, aux termes de l'article précédent, la privation du droit d'être élu. — La déchéance sera prononcée par le Corps législatif sur le vu des pièces justificatives.

29. Toute fonction publique rétribuée est incompatible avec le mandat de député au Corps législatif. Tout fonctionnaire rétribué, élu député au Corps législatif, sera réputé démissionnaire de ses fonctions par le seul fait de son admission comme membre du Corps législatif, s'il n'a pas opté avant la vérification de ses pouvoirs. — Tout député au Corps législatif est réputé démissionnaire par le seul fait de l'acceptation de fonctions publiques salariées.

30. Ne pourront être élus dans tout ou partie de leur ressort, pendant les six mois qui suivraient leur destitution, leur démission ou tout autre changement de leur position, les fonctionnaires publics ci-après indiqués : — les premiers présidents, les procureurs généraux ; — les présidents des tribunaux civils et les procureurs de la République ; — le commandant supérieur des gardes nationales de la Seine ; — le préfet de police, les préfets et les sous-préfets ; — les archevêques, évêques et vicaires généraux ; — les officiers généraux commandant les divisions et subdivisions militaires ; — les préfets maritimes.

TITRE IV.

DISPOSITIONS PÉNALES.

31. Toute personne qui se sera fait inscrire sur la liste électorale sous de faux noms ou de fausses qualités, ou aura, en se faisant inscrire, dissimulé une incapacité prévue par la loi, ou aura réclamé et obtenu une inscription sur deux ou plusieurs listes, sera punie d'un emprisonnement d'un mois à un an et d'une amende de 100 francs à 4,000 francs.

32. Celui qui, déchu du droit de voter, soit par suite d'une condamnation judiciaire, soit par suite d'une faillite non suivie de réhabilitation, aura voté, soit en vertu d'une inscription sur les listes antérieures à sa déchéance, soit en vertu d'une inscription postérieure, mais opérée sans sa participation, sera puni d'un emprisonnement de quinze jours à trois mois et d'une amende de 20 à 500 francs.

33. Quiconque aura voté dans une assemblée électorale, soit en vertu d'une inscription obtenue dans les deux premiers cas prévus par l'art. 31, soit en prenant faussement les noms et qualités d'un électeur inscrit, sera puni d'un emprisonnement de six mois à deux ans, et d'une amende de 200 francs à 2,000 francs.

34. Sera puni de la même peine tout citoyen qui aura profité d'une inscription multiple pour voter plus d'une fois.

35. Quiconque étant chargé, dans un scrutin, de recevoir, compter ou dépouiller les bulletins contenant les suffrages des citoyens, aura soustrait, ajouté ou altéré des bulletins, ou lu un nom autre que celui inscrit, sera puni d'un emprisonnement d'un an à cinq ans et d'une amende de 500 francs à 5,000 francs.

36. La même peine sera appliquée à tout individu qui, chargé par un électeur d'écrire son suffrage, aura inscrit sur le bulletin un nom autre que celui qui lui était désigné.

37. L'entrée dans l'assemblée électorale avec armes apparentes est interdite. En cas d'infraction, le contrevenant sera passible d'une amende de 16 à 100 francs. — La peine sera d'un emprisonnement de quinze jours à trois mois et d'une amende de 50 francs à 300 francs si les armes étaient cachées.

38. Quiconque aura donné, promis ou reçu des deniers, effets ou valeurs quelconques, sous la condition soit de donner ou de procurer un suffrage, soit de s'abstenir de voter, sera puni d'un emprisonnement de trois mois à deux ans et d'une amende de 500 francs à 5,000 francs. — Seront punis des mêmes peines ceux qui, sous les mêmes conditions, auront fait ou accepté l'offre ou la promesse d'emploi publics ou privés. — Si le coupable est fonctionnaire public, la peine sera du double.

39. Ceux qui, soit par voies de fait, violences ou menaces contre un électeur, soit en lui faisant craindre de perdre son emploi ou d'exposer à un dommage sa personne, sa famille ou sa fortune, l'auront déterminé à s'abstenir de voter, ou auront influencé un vote, seront punis d'un emprisonnement d'un mois à un an et d'une amende de 100 francs à 1,000 francs ; la peine sera du double si le coupable est fonctionnaire public.

40. Ceux qui, à l'aide de fausses nouvelles, bruits calomnieux, ou autres manœuvres frauduleuses, auront surpris ou détourné des suffrages, déterminé un ou plusieurs électeurs à s'abstenir de voter, seront punis d'un emprisonnement d'un mois à un an et d'une amende de 100 francs à 2,000 francs.

41. Lorsque, par attroupements, clameurs ou démonstrations menaçantes, on aura troublé les opérations d'un collége électoral, porté atteinte à l'exercice du droit électoral ou à la liberté du vote, les coupables seront punis d'un emprisonnement de trois mois à deux ans, et d'une amende de 100 francs à 2,000 francs.

42. Toute irruption dans un collége électoral, consommée ou tentée avec violence, en vue d'empêcher un choix, sera punie d'un emprisonnement d'un an à cinq ans, et d'une amende de 1,000 francs à 5,000 francs.

43. Si les coupables étaient porteurs d'armes, ou si le scrutin a été violé, la peine sera la réclusion.

44. Elle sera des travaux forcés à temps si le crime a été commis par suite d'un plan concerté pour être exécuté soit dans toute la République, soit dans un ou plusieurs départements, soit dans un ou plusieurs arrondissements.

45. Les membres d'un collége électoral qui, pendant la réunion, se seront rendus coupables d'outrages ou de violences, soit envers le bureau, soit envers l'un de ses membres, ou qui par voies de fait ou menaces, auront retardé ou empêché les opérations électorales, seront punis d'un emprisonnement d'un mois à un an, et d'une amende de 100 francs à 2,000 francs. — Si le scrutin a été violé, l'emprisonnement sera d'un an à cinq ans, et l'amende de 1,000 à 5,000 francs.

46. L'enlèvement de l'urne contenant les suffrages émis et non encore dépouillés sera puni d'un emprisonnement d'un an à cinq ans, et d'une amende de 1,000 à 5,000 francs. — Si cet enlèvement a été effectué en réunion et avec violence, la peine sera la réclusion.

47. La violation du scrutin faite, soit par les membres du bureau, soit par les agents de l'autorité préposés à la garde des bulletins non encore dépouillés, sera punie de la réclusion.

48. Les crimes prévus par la présente loi seront jugés par la Cour d'assises, et les délits par les tribunaux correctionnels ; l'article 463 du Code pénal pourra être appliqué.

49. En cas de conviction de plusieurs crimes ou délits prévus par la présente loi et commis antérieurement au premier acte de poursuite, la peine la plus forte sera seule appliquée.

50. L'action publique et l'action civile seront prescrites après trois mois, à partir du jour de la proclamation du résultat de l'élection.

51. La condamnation, s'il en est prononcé, ne pourra, en aucun cas, avoir pour effet d'annuler l'élection déclarée valide par les pouvoirs compétents, ou dûment définitive par l'absence de toute protestation régulière formée dans les délais voulus par les lois spéciales.

52. — Les lois antérieures sont abrogées en ce qu'elles sont contraires aux dispositions de la présente loi.

TITRE V.

DISPOSITIONS GÉNÉRALES.

53. Pour l'élection du Président de la République, une loi spéciale réglera le mode de votation de l'armée.

54. Un décret réglementaire, rendu en exécution des dispositions de l'article 6 de la Constitution, fixera : — 1° les formalités administratives pour la révision annuelle des listes ; — 2° toutes les dispositions relatives à la composition, aux attributions et aux opérations des colléges électoraux.

2 Février 1852.

DÉCRET RÉGLEMENTAIRE

Pour l'élection au Corps législatif.

TITRE Iᵉʳ.

RÉVISION ANNUELLE DES LISTES ÉLECTORALES.

ART. 1ᵉʳ. La révision annuelle des listes électorales s'opère conformément aux règles qui suivent : — du 1ᵉʳ au 10 janvier de chaque année, le maire de chaque commune ajoute à la liste les citoyens qu'il reconnaît avoir acquis les qualités exigées par la loi, ceux qui acquerront les conditions d'âge et d'habitation avant le 1ᵉʳ avril et ceux qui auraient été précédemment omis. — Il en retranche, — 1° les individus décédés ; — 2° ceux dont la radiation a été ordonnée par l'autorité compétente ; — 3° ceux qui ont perdu les qualités requises par la loi ; — 4° ceux qu'il reconnaît avoir été indûment inscrits, quoique leur inscription n'ait point été attaquée. — Il tient un registre de toutes ces décisions, et y mentionne les motifs et les pièces à l'appui.

2. Le tableau contenant les additions et retranchements faits par le maire à la liste électorale est déposé au plus tard le 15 janvier au secrétariat de la commune. — Ce tableau sera communiqué à tout requérant qui pourra le recopier et le reproduire par la voie de l'impression. Le jour même de ce dépôt, avis en sera donné par affiches aux lieux accoutumés.

3. Une copie du tableau et du procès-verbal constatant l'accomplissement des formalités prescrites par l'article précédent sera en même temps transmise au sous-préfet de l'arrondissement, qui l'adressera, dans les deux jours, avec ses observations, au préfet du département.

4. Si le préfet estime que les formalités et les délais prescrits par la loi n'ont pas été observés, il devra, dans les deux jours de la réception du tableau, déférer les opérations du maire au conseil de préfecture du département, qui statuera dans les trois jours et fixera, s'il y a lieu, le délai dans lequel les opérations annulées devront être refaites.

5. Les demandes en inscription ou en radiation devront être formées dans les dix jours à compter de la publication des listes.

6. Le juge de paix donnera avis des infirmations par lui prononcées au préfet et au maire dans les trois jours de la décision.

7. Le 31 mars de chaque année, le maire opère toutes les rectifications régulièrement ordonnées, transmet au préfet le tableau de ces rectifications et arrête

définitivement la liste électorale de la commune. — La minute de la liste électorale reste déposée au secrétariat de la commune : le tableau rectificatif transmis au préfet reste déposé avec la copie de la liste électorale au secrétariat général du département. — Communication en doit toujours être donnée aux citoyens qui la demandent.

8. La liste électorale reste jusqu'au 31 mars de l'année suivante telle qu'elle a été arrêtée, sauf néanmoins les changements qui y auraient été ordonnés par décision du juge de paix, et sauf aussi la radiation des noms des électeurs décédés ou privés des droits civils et politiques par jugement ayant force de chose jugée.

TITRE II.

DES COLLÉGES ÉLECTORAUX.

9. Les colléges électoraux devront être réunis, autant que possible, un dimanche ou un jour férié.

10. Les colléges électoraux ne peuvent s'occuper que de l'élection pour laquelle ils sont réunis. — Toutes discussions, toutes délibérations leur sont interdites.

11. Le président du collége ou de la section a seul la police de l'assemblée. — Nulle force armée ne peut, sans son autorisation, être placée dans la salle des séances, ni aux abords du lieu où se tient l'assemblée. — Les autorités civiles et les commandants militaires sont tenus de déférer à ses réquisitions.

12. Le bureau de chaque collége ou section est composé d'un président, de quatre assesseurs et d'un secrétaire choisis par eux parmi les électeurs. — Dans les délibérations du bureau, le secrétaire n'a que voix consultative.

13. Les colléges et sections sont présidés par les maires, adjoints et conseillers municipaux de la commune ; à leur défaut les présidents sont désignés par le maire, parmi les électeurs sachant lire et écrire. — A Paris, les sections sont présidées dans chaque arrondissement par le maire, les adjoints ou les électeurs désignés par eux.

14. Les assesseurs sont pris, suivant l'ordre du tableau, parmi les conseillers municipaux sachant lire et écrire ; à leur défaut, les assesseurs sont les deux plus âgés et les deux plus jeunes électeurs présents sachant lire et écrire. — A Paris les fonctions d'assesseurs sont remplies dans chaque section par les deux plus âgés et les deux plus jeunes électeurs sachant lire et écrire.

15. Trois membres du bureau au moins doivent être présents pendant tout le cours des opérations du collége.

16. Le bureau prononce provisoirement sur les difficultés qui s'élèvent touchant les opérations du collége ou de la section. — Ses décisions sont motivées. — Toutes les réclamations et décisions sont inscrites au procès-verbal ; les pièces ou bulletins qui s'y rapportent y sont annexés, après avoir été parafés par le bureau.

17. Pendant toute la durée des opérations électorales, une copie officielle de la liste des électeurs, contenant les noms, domiciles et qualification de chacun des inscrits, reste déposée sur la table autour de laquelle siège le bureau.

18. Tout électeur inscrit sur cette liste a le droit de prendre part au vote. — Néanmoins ce droit est suspendu pour les détenus, pour les accusés contumaces, et pour les personnes non interdites, mais retenues, en vertu de la loi du 30 juin 1838, dans un établissement public d'aliénés.

19. Nul ne peut être admis à voter s'il n'est inscrit sur la liste. — Toutefois, seront admis au vote, quoique non inscrits, les citoyens porteurs d'une décision du juge de paix, ordonnant leur inscription, ou d'un arrêt de la Cour de cassation annulant un jugement qui aurait prononcé une radiation.

20. Nul électeur ne peut entrer dans le collége électoral s'il est porteur d'armes quelconques.

21. Les électeurs sont appelés successivement par ordre alphabétique. — Ils apportent leur bulletin préparé en dehors de l'assemblée. — Le papier du bulletin doit être blanc et sans signes extérieurs.

22. A l'appel de son nom, l'électeur remet au président son bulletin fermé. — Le président le dépose dans la boîte du scrutin, laquelle doit, avant le commen-

cement du vote, avoir été fermée à deux serrures, dont les clefs restent, l'une entre les mains du président, l'autre, entre celles du scrutateur le plus âgé.

23. Le vote de chaque électeur est constaté par la signature ou le parafe de l'un des membres du bureau, apposé sur la liste, en marge du nom du votant.

24. L'appel étant terminé, il est procédé au réappel de tous ceux qui n'ont pas voté.

25. Le scrutin reste ouvert pendant deux jours : le premier jour, depuis huit heures du matin, jusqu'à six heures du soir ; et le second jour, depuis huit heures du matin jusqu'à quatre heures du soir.

26. Les boîtes du scrutin sont scellées et déposées pendant la nuit au secrétariat ou dans la salle de la mairie. — Les scellés sont également apposés sur les ouvertures de la salle où les boîtes ont été déposées.

27. Après la clôture du scrutin, il est procédé au dépouillement de la manière suivante : — la boîte du scrutin est ouverte et le nombre des bulletins vérifié. — Si ce nombre est plus grand ou moindre que celui des votants, il en est fait mention au procès-verbal. — Le bureau désigne parmi les électeurs présents un certain nombre de scrutateurs sachant lire et écrire, lesquels se divisent par tables de quatre au moins. — Le président répartit entre les diverses tables les bulletins à vérifier. — A chaque table, l'un des scrutateurs lit chaque bulletin à haute voix et le passe à un autre scrutateur ; les noms portés sur les bulletins sont relevés sur des listes préparées à cet effet.

28. Le président et les membres du bureau surveillent l'opération du dépouillement. — Néanmoins, dans les collèges ou sections où il se sera présenté moins de trois cents votants, le bureau pourra procéder lui-même et sans l'intervention de scrutateurs supplémentaires, au dépouillement du scrutin.

29. Les tables sur lesquelles s'opère le dépouillement du scrutin sont disposées de telle sorte que les électeurs puissent circuler alentour.

30. Les bulletins blancs, ceux ne contenant pas une désignation suffisante, ou dans lesquels les votants se font connaître, n'entrent point en compte dans le résultat du dépouillement, mais ils sont annexés au procès-verbal.

31. Immédiatement après le dépouillement, le résultat du scrutin est rendu public, et les bulletins autres que ceux qui, conformément aux art. 16 et 30, doivent être annexés au procès-verbal, sont brûlés en présence des électeurs.

32. Pour les collèges divisés en plusieurs sections, le dépouillement du scrutin se fait dans chaque section. Le résultat est immédiatement arrêté et signé par le bureau ; il est ensuite porté par le président au bureau de la première section, qui, en présence des présidents des autres sections, opère le recensement général des votes et en proclame le résultat.

33. Les procès-verbaux des opérations électorales de chaque commune sont rédigés en double. — L'un de ces doubles reste déposé au secrétariat de la mairie ; l'autre double est transmis au sous-préfet de l'arrondissement, qui le fait parvenir au préfet du département.

34. Le recensement général des votes, pour chaque circonscription électorale, se fait au chef-lieu du département, en séance publique. — Il est opéré par une commission composée de trois membres du conseil général. — A Paris le recensement est fait par une commission de cinq membres du conseil général, désignés par le préfet de la Seine. — Cette opération est constatée par un procès-verbal.

35. Le recensement général des votes étant terminé, le président de la commission en fait connaître le résultat. — Il proclame député au Corps législatif celui des candidats qui a satisfait aux deux conditions exigées par l'art. 6 du décret organique.

36. Si aucun des candidats n'a obtenu la majorité absolue des suffrages, et le vote en sa faveur du quart au moins des électeurs inscrits, l'élection est continuée au deuxième dimanche qui suit le jour de la proclamation du résultat du scrutin.

37. Aussitôt après la proclamation du résultat des opérations électorales, les procès-verbaux et les pièces y annexées sont transmis, par les soins des préfets et l'intermédiaire du ministre de l'intérieur, au Corps législatif.

27 mai 1857.

SÉNATUS-CONSULTE

Qui modifie l'art. 55 de la Constitution.

ART. 1er. L'article 35 de la Constitution est modifié ainsi qu'il suit : — « Il y aura un député au Corps législatif à raison de trente-cinq mille électeurs ; « néanmoins, il est attribué un député de plus à chacun des départements dans « lequel le nombre excédant des électeurs dépasse dix-sept mille cinq cents. »

2. Un décret impérial réglera le tableau des députés à élire dans chaque département, en conformité du présent sénatus-consulte.

29 Décembre 1862.

DÉCRET

Fixant le nombre des députés à élire et tableau de leur nombre par département.

Art. 1er. Le nombre des députés au Corps législatif à élire par les départements pendant la période quinquennale de 1862 à 1867 est fixé à deux cent quatre-vingt-trois, conformément au tableau de répartition ci-annexé.

Art. 2. Notre ministre de l'intérieur est chargé de l'exécution du présent décret.

TABLEAU

DU NOMBRE DES DÉPUTÉS A ÉLIRE PAR CHAQUE DÉPARTEMENT.

DÉPARTEMENTS		DÉPARTEMENTS		DÉPARTEMENTS	
Ain	3	Gers	3	Puy-de-Dôme	5
Aisne	4	Gironde	5	Pyrénées (Basses-)	3
Allier	3	Hérault	3	Pyrénées (Hautes-)	2
Alpes (Basses-)	1	Ille-et-Vilaine	4	Pyrénées-Orientales	1
Alpes (Hautes-)	1	Indre	2	Rhin (Bas-)	4
Alpes-Maritimes	2	Indre-et-Loire	3	Rhin (Haut-)	4
Ardèche	3	Isère	4	Rhône	5
Ardennes	3	Jura	2	Saône (Haute-)	3
Ariége	2	Landes	2	Saône-et-Loire	5
Aube	2	Loir-et-Cher	2	Sarthe	4
Aude	2	Loire	4	Savoie	2
Aveyron	3	Loire (Haute-)	2	Savoie (Haute-)	2
Bouches-du-Rhône	4	Loire-Inférieure	4	Seine	0
Calvados	4	Loiret	3	Seine-Inférieure	6
Cantal	2	Lot	2	Seine-et-Marne	3
Charente	3	Lot-et-Garonne	3	Seine-et-Oise	4
Charente-Inférieure	4	Lozère	1	Sèvres (Deux-)	3
Cher	2	Maine-et-Loire	4	Somme	5
Corrèze	2	Manche	4	Tarn	3
Corse	2	Marne	3	Tarn-et-Garonne	2
Côte-d'Or	3	Marne (Haute-)	2	Var	2
Côtes-du-Nord	5	Mayenne	3	Vaucluse	2
Creuse	2	Meurthe	3	Vendée	3
Dordogne	4	Meuse	3	Vienne	3
Doubs	2	Morbihan	3	Vienne (Haute-)	2
Drôme	3	Moselle	3	Vosges	3
Eure	4	Nièvre	3	Yonne	3
Eure-et-Loir	2	Nord	0		
Finistère	4	Oise	3	Total	283
Gard	4	Orne	3		
Garonne (Haute-)	4	Pas-de-Calais	6		

LOIS

ADMINISTRATIVES, POLITIQUES,

ORGANIQUES

et

RÉGLEMENTAIRES.

COMPLÉMENT DE LA CONSTITUTION.

4 novembre 1848.

CONSTITUTION DE LA RÉPUBLIQUE FRANÇAISE (1).

CHAPITRE II.

DROITS DES CITOYENS GARANTIS PAR LA CONSTITUTION.

2. Nul ne peut être arrêté ou détenu que suivant les prescriptions de la loi.

3. La demeure de toute personne habitant le territoire français est inviolable ; il n'est permis d'y pénétrer que selon les formes et dans les cas prévus par la loi.

11. Toutes les propriétés sont inviolables. Néanmoins l'Etat peut exiger le sacrifice d'une propriété pour cause d'utilité publique légalement constatée, et moyennant une juste et préalable indemnité.

16. Aucun impôt ne peut être établi ni perçu qu'en vertu de la loi.

17. L'impôt direct n'est consenti que pour un an. — Les impositions indirectes peuvent être consenties pour plusieurs années.

CHAPITRE VIII.

DU POUVOIR JUDICIAIRE.

81. La justice est rendue gratuitement au nom du peuple français. — Les débats sont publics, à moins que la publicité ne soit dangereuse pour l'ordre ou les mœurs ; et, dans ce cas, le tribunal le déclare par un jugement.

82. Le jury continuera d'être appliqué en matière criminelle.

9 août 1849.

LOI

Sur l'état de siége (2).

CHAPITRE Iᵉʳ.

DES CAS OU L'ÉTAT DE SIÉGE PEUT ÈTRE DÉCLARÉ.

ART. 1ᵉʳ. L'état de siége ne peut être déclaré qu'en cas de péril imminent pour la sécurité intérieure ou extérieure.

CHAPITRE II.

DES FORMES DE LA DÉCLARATION DE L'ÉTAT DE SIÉGE.

2. L'Assemblée nationale peut seule déclarer l'état de siége, sauf les exceptions ci-après (3). — La déclaration de l'état de siége désigne les communes, les arrondissements ou départements auxquels il s'applique et pourra être étendu.

---

(1) Articles non abrogés.

(2) Aucune loi n'ayant été faite sur l'état de siége depuis 1832, celle-ci reste en vigueur, sauf les modifications résultant de la nouvelle forme de gouvernement.

(3) La déclaration de l'état de siége est faite par décret impérial, art. 12 de la Constitution du 14 janv. 1852.

3. Dans le cas de prorogation de l'Assemblée nationale, le président de la République peut déclarer l'état de siége, de l'avis du conseil des ministres. — Le président, lorsqu'il a déclaré l'état de siége, doit immédiatement en informer la commission instituée en vertu de l'art. 32 de la Constitution, et, selon la gravité des circonstances, convoquer l'Assemblée nationale. — La prorogation de l'Assemblée cesse de plein droit lorsque Paris est déclaré en état de siége. — L'Assemblée nationale, dès qu'elle est réunie, maintient ou lève l'état de siége.

4. Dans les colonies françaises, la déclaration de l'état de siége est faite par le gouverneur de la colonie. — Il doit en rendre compte immédiatement au Gouvernement.

5. Dans les places de guerre et postes militaires, soit de la frontière, soit de l'intérieur, la déclaration de l'état de siége, peut être faite par le commandant militaire, dans les cas prévus par la loi du 10 juillet 1791 et par le décret du 24 décembre 1811. — Le commandant en rend compte immédiatement au Gouvernement.

6. Dans le cas des deux articles précédents, si le président de la République ne croit pas devoir lever l'état de siége, il en propose sans délai le maintien à l'Assemblée nationale.

CHAPITRE III.

DES EFFETS DE L'ÉTAT DE SIÉGE.

7. Aussitôt l'état de siége déclaré, les pouvoirs dont l'autorité civile était revêtue pour le maintien de l'ordre et de la police passent tout entiers à l'autorité militaire. — L'autorité civile continue néanmoins à exercer ceux de ces pouvoirs dont l'autorité militaire ne l'a pas dessaisie.

8. Les tribunaux militaires peuvent être saisis de la connaissance des crimes et délits contre la sûreté de la République, contre la Constitution, contre l'ordre et la paix publique, quelle que soit la qualité des auteurs principaux et des complices.

9. L'autorité militaire a le droit, — 1° de faire des perquisitions, de jour et de nuit, dans le domicile des citoyens ; — 2° d'éloigner les repris de justice et les individus qui n'ont pas leur domicile dans les lieux soumis à l'état de siége ; — 3° d'ordonner la remise des armes et munitions, et de procéder à leur recherche et à leur enlèvement ; — 4° d'interdire les publications et les réunions qu'elle juge de nature à exciter ou à entretenir le désordre.

10. Dans les lieux énoncés en l'art. 5, les effets de l'état de siége continuent, en outre, en cas de guerre étrangère, à être déterminés par les dispositions de la loi du 10 juillet 1791 et du décret du 24 décembre 1811.

11. Les citoyens continuent, nonobstant l'état de siége, à exercer tous ceux des droits garantis par la Constitution dont la jouissance n'est pas suspendue en vertu des articles précédents.

CHAPITRE IV.

DE LA LEVÉE DE L'ÉTAT DE SIÉGE (1).

12. L'Assemblée nationale a seule le droit de lever l'état de siége, lorsqu'il a été déclaré ou maintenu par elle. — Néanmoins, en cas de prorogation, ce droit appartiendra au président de la République. — L'état de siége déclaré conformément aux art. 3, 4 et 5, peut être levé par le président de la République, tant qu'il n'a pas été maintenu par l'Assemblée nationale. — L'état de siége, déclaré conformément à l'art. 4, pourra être levé par les gouverneurs des colonies, aussitôt qu'ils croiront la tranquillité suffisamment rétablie.

13. Après la levée de l'état de siége, les tribunaux militaires continuent de connaître des crimes et délits dont la poursuite leur avait été déférée.

---

(1) La levée de l'état de siége a lieu par décret impérial.

8 mars 1852.

DÉCRET

Relatif au serment des ministres, des membres des grands corps de l'Etat, des officiers de terre et de mer, des magistrats et des fonctionnaires.

Art. 1er. Le refus ou le défaut de serment sera considéré comme démission.

2. Le serment ne pourra être prêté que dans les termes prescrits par l'art. 14 de la Constitution. Toute addition, modification, restriction ou réserve sera considérée comme refus de serment et produira le même effet.

3. Des décrets spéciaux détermineront le mode de la prestation de serment des ministres, des membres des grands corps de l'Etat, des officiers de terre et de mer, des magistrats et des fonctionnaires, ainsi que les délais dans lesquels le serment devra être prêté.

19 avril 1852.

DÉCRET

Qui fixe les préséances entre les grands corps de l'Etat.

Article unique. Les préséances entre les grands corps de l'Etat sont fixées ainsi qu'il suit : — le Sénat, — le Corps législatif, — le conseil d'Etat.

10 juillet 1852.

SÉNATUS-CONSULTE

Sur l'organisation de la Haute-Cour de justice.

TITRE Ier.

COMPOSITION DE LA HAUTE-COUR.

Art. 1er. La Haute-Cour de justice créée, par l'art. 54 de la Constitution, se compose, 1° d'une chambre des mises en accusation et d'une chambre de jugement formées de juges pris parmi les membres de la Cour de cassation ; 2° d'un haut-jury pris parmi les membres des conseils généraux des départements.

2. Chaque chambre est composée de cinq juges et de deux suppléants.

3. Les juges et suppléants de chaque chambre sont nommés tous les ans, dans la première quinzaine du mois de novembre, par le Président de la République. — Néanmoins, les chambres de la Haute-Cour de justice restent saisies, au-delà du terme d'un an fixé pour leurs pouvoirs, de l'instruction et du jugement des affaires qui leur ont été respectivement déférés.

4. En cas de vacances par démission ou décès de l'un des juges, le magistrat nommé en remplacement, demeure en fonctions jusqu'au terme fixé pour l'expiration des pouvoirs de son prédécesseur.

5. Le décret du Président de la République qui saisit la Haute-Cour désigne parmi les juges de chaque chambre celui qui doit la présider. — Le procureur général près la Haute-Cour de justice et les autres magistrats du ministère public sont nommés pour chaque affaire par le décret du Président de la République qui saisit la Haute-Cour.

6. Le président de chaque chambre désigne un greffier, qui prête serment. — Les procédures et arrêts de la Haute-Cour de justice sont déposés au greffe de la Cour de cassation.

7. Le haut-jury se compose de trente-six jurés titulaires, et de quatre jurés suppléants.

TITRE II.

DE L'INSTRUCTION.

8. L'officier du parquet qui recueille des indices sur l'existence de l'un des crimes désignés par l'art. 54 de la Constitution est tenu de transmettre directe-

ment, et dans le plus bref délai, au ministre de la justice, copie des procès-verbaux, dénonciations, plaintes et pièces à l'appui de l'accusation. Néanmoins l'instruction de l'affaire est continuée sans retard.

9. Si la chambre des mises en accusation est appelée à statuer sur une affaire qui serait de la compétence de la Haute-Cour, le procureur général est tenu de requérir un sursis et le renvoi des pièces au ministre de la justice ; la chambre doit ordonner ce sursis, même d'office.

10. Dans le cas prévu par l'article précédent, les pièces sont transmises immédiatement au ministre de la justice. Si, dans les quinze jours, un décret du Président de la République n'a pas saisi la Haute-Cour, les pièces sont renvoyées au procureur général, et la Cour d'appel statue conformément an Code d'instruction criminelle. — La Haute-Cour peut toujours être saisie jusqu'à ce qu'il ait été statué par la Cour.

11. Lorsqu'un décret du Président de la République a saisi la Haute-Cour de justice de la connaissance d'une affaire, la chambre des mises en accusation de la Haute-Cour entre immédiatement en fonctions.

12. Sa juridiction s'étend sur tout le territoire de la République. — Elle procède selon les dispositions du Code d'instruction criminelle. — Si le fait ne constitue pas un crime de la compétence de la Haute-Cour, elle ordonne le renvoi devant le juge qu'elle désigne.

Ses arrêts sont attributifs de juridiction et ne sont susceptibles d'aucun recours.

14. Si la chambre des mises en accusation de la Haute-Cour prononce le renvoi devant la chambre du jugement, le Président de la République convoque cette chambre, fixe le lieu des séances et le jour de l'ouverture des débats.

15. Dans les dix jours qui suivent le décret de convocation, le premier président de la Cour d'appel et, à défaut de Cour d'appel, le président du tribunal de première instance du chef-lieu judiciaire du département, tire au sort, en audience publique, le nom de l'un des membres du conseil général.

16. Les fonctions de haut-juré sont incompatibles avec celles de : — Ministre, — Sénateur, — Député au Corps législatif, — Membre du conseil d'Etat. — Les incompatibilités, incapacités et excuses résultant des lois sur le jury, sont applicables aux jurés près la Haute-Cour.

TITRE III.

DE L'EXAMEN ET DU JUGEMENT.

17. Les dispositions, formes et délais prescrits par le Code d'instruction criminelle, non contraires à la Constitution et à la présente loi, seront observés devant la Haute-Cour.

18. Au jour indiqué par le jugement, s'il y a moins de soixante jurés présents, ce nombre est complété par des jurés supplémentaires tirés au sort par le président de la Haute-Cour parmi les membres du conseil général du département où elle siége.

19. Ne peut point faire partie du haut-jury, le membre du conseil général qui a rempli les mêmes fonctions depuis moins de deux ans.

20. Le haut-juré absent sans excuse valable peut être condamné à une amende de 1,000 à 10,000 francs et à la privation de ses droits politiques pendant un ans au moins et cinq ans au plus.

21. Les accusés et le ministère public exercent le droit de récusation, conformément aux lois sur le jury.

22. La déclaration du haut-jury portant que l'accusé est coupable, et la déclaration portant qu'il existe, en faveur de l'accusé reconnu coupable, des circonstances atténuantes, doivent être rendues à la majorité de plus de vingt voix. — Les peines seront prononcées conformément aux dispositions du Code pénal.

TITRE IV.

DISPOSITION TRANSITOIRE.

23. Les premières nominations de juges et de suppléants de la Haute Cour, de justice auront lieu dans la quinzaine de la promulgation du présent sénatus-consulte ; elles seront renouvelées au mois de novembre prochain.

7 Novembre 1852.

SÉNATUS-CONSULTE

Portant modification à la Constitution.

Le Sénat a délibéré conformément aux art. 31 et 32 de la Constitution et voté le sénatus-consulte dont la teneur suit :

Art. 1er. La dignité impériale est rétablie. — Louis-Napoléon Bonaparte est Empereur des Français, sous le nom de Napoléon III.

2. La dignité impériale est héréditaire dans la descendance directe et légitime de Louis-Napoléon Bonaparte, de mâle en mâle, par ordre de primogéniture, et à l'exclusion perpétuelle des femmes et de leur descendance.

3. Louis-Napoléon Bonaparte, s'il n'a pas d'enfants mâles. peut adopter les enfants et descendants légitimes, dans la ligne masculine, des frères de l'Empereur Napoléon Ier. —Les formes de l'adoption sont réglées par un sénatus-consulte. — Si, postérieurement à l'adoption, il survient à Louis-Napoléon des enfants mâles, ses fils adoptifs ne pourront être appelés à lui succéder qu'après ses descendants légitimes. — L'adoption est interdite aux successeurs de Louis-Napoléon et à leur descendance.

4. Louis-Napoléon Bonaparte règle, par un décret organique adressé au Sénat et déposé dans ses archives, l'ordre de succession au trône, dans la famille Bonaparte, pour le cas où il ne laisserait aucun héritier direct, légitime ou adoptif.

5. A défaut d'héritier légitime ou d'héritier adoptif de Louis-Napoléon Bonaparte, et des successeurs en ligne collatérale qui prendront leur droit dans le décret organique sus-mentionné, un sénatus-consulte proposé au Sénat par les Ministres formés en conseil de Gouvernement, avec l'adjonction des Présidents en exercice du Sénat, du Corps législatif et du conseil d'Etat, et soumis à l'acceptation du peuple, nomme l'Empereur et règle dans sa famille l'ordre héréditaire de mâle en mâle, à l'exclusion perpétuelle des femmes et de leur descendance. — Jusqu'au moment où l'élection du nouvel Empereur est consommée, les affaires de l'Etat sont gouvernées par les ministres en fonction, qui se forment en conseil de Gouvernement et délibèrent à la majorité des voix.

6. Les membres de la famille de Louis-Napoléon Bonaparte appelés éventuellement à l'hérédité, et leur descendance des deux sexes, font partie de la famille impériale. Un sénatus-consulte règle leur position. Ils ne peuvent se marier sans l'autorisation de l'Empereur. Leur mariage fait sans cette autorisation emporte privation de tout droit à l'hérédité, tant pour celui qui l'a contracté que pour ses descendants. — Néanmoins, s'il n'existe pas d'enfants de ce mariage, en cas de dissolution pour cause de décès, le prince qui l'aurait contracté recouvre ses droits à l'hérédité. — Louis-Napoléon Bonaparte fixe les titres et la condition des autres membres de sa famille. — L'Empereur a pleine autorité sur tous les membres de sa famille ; il règle leurs devoirs et leurs obligations par des statuts qui ont force de loi.

7. La Constitution du 14 janvier 1852 est maintenue dans toutes celles de ses dispositions qui ne sont pas contraires au présent sénatus-consulte ; il ne pourra y être apporté de modifications que dans les formes et par les moyens qu'elle a prévus.

8. La proposition suivante sera présentée à l'acceptation du Peuple Français dans les formes déterminées par les décrets des 2 et 4 décembre 1851 : « Le « Peuple Français veut le rétablissement de la dignité impériale dans la per-« sonne de Louis-Napoléon Bonaparte, avec hérédité dans sa descendance « directe, légitime ou adoptive, et lui donne le droit de régler l'ordre de succes-« sion au trône dans la famille Bonaparte, ainsi qu'il est prévu par le sénatus-« consulte du 7 novembre 1852. »

2 Décembre 1852.

DÉCRET IMPÉRIAL

Qui promulgue et déclare loi de l'Etat le sénatus-consulte du 7 novembre 1852, ratifié par le plébiscite des 21 et 22 novembre.

Art. 1er. Le sénatus-consulte du 7 novembre 1852, ratifié par le plébiscite des 21 et 22 novembre, est promulgué et devient loi de l'Etat.

2. Louis-Napoléon Bonaparte est Empereur des Français sous le nom de Napoléon III.

12 décembre 1852.

SÉNATUS-CONSULTE

Sur la liste civile et la dotation de la Couronne.

TITRE Ier.

Section I. — DE LA LISTE CIVILE DE L'EMPEREUR ET DE LA DOTATION DE LA COURONNE.

Art. 1er. La liste civile de l'Empereur est fixée, à partir du 1er décembre 1852, pour toute la durée du règne, conformément à l'art. 15 du sénatus-consulte du 28 floréal an XII.

2. La dotation immobilière de la Couronne comprend les palais, châteaux, maisons, domaines et manufactures énumérés dans le tableau annexé au présent sénatus-consulte.

3. Les biens particuliers appartenant à l'Empereur au moment de son avènement au trône sont, de plein droit, réunis au domaine de l'Etat, et font partie de la dotation de la couronne.

4. La dotation mobilière comprend les diamants, perles, pierreries, statues, tableaux, pierres gravées, musées, bibliothèques et autres monuments des arts, ainsi que les meubles meublants contenus dans l'hôtel du garde-meuble et les divers palais et établissements impériaux.

5. Il est dressé par récolement, aux frais du trésor, un état et des plans des immeubles, ainsi qu'un inventaire descriptif de tous les meubles ; ceux de ces meubles susceptibles de se détériorer par l'usage seront estimés. Des doubles de ces actes seront déposés dans les archives du Sénat.

6. Les monuments et objets d'art qui seront placés dans les maisons impériales, soit aux frais de l'Etat, soit aux frais de la Couronne, seront et demeureront, dès ce moment, propriété de la Couronne.

Section II. — CONDITIONS DE LA JOUISSANCE DES BIENS FORMANT LA DOTATION DE LA COURONNE.

7. Les biens meubles et immeubles de la Couronne sont inaliénables et imprescriptibles. Ils ne peuvent être donnés, vendus, engagés ni grevés d'hypothèques. — Néanmoins, les objets inventoriés avec estimation, aux termes de l'art. 5, peuvent être aliénés moyennant remplacement.

8. L'échange de biens composant la dotation de la Couronne ne peut être autorisé que par un sénatus-consulte.

9. Les biens de la Couronne et le Trésor public ne sont jamais grevés des dettes de l'Empereur ou des pensions par lui accordées.

10. La durée des baux, à moins qu'un sénatus-consulte ne l'autorise, ne peut pas excéder vingt-et-un ans ; ils ne peuvent être renouvelés plus de trois ans avant leur expiration.

11. Les forêts de la Couronne sont soumises aux dispositions du Code forestier en ce qui les concerne ; elles sont assujetties à un aménagement régulier. — Il ne peut y être fait aucune coupe extraordinaire quelconque, ni aucune coupe des quarts en réserve ou de massifs réservés par l'aménagement pour croître en futaie, si ce n'est en vertu d'un sénatus-consulte. — Les dispositions des art. 2 et 3 du sénatus-consulte du 3 juillet 1852 sont applicables aux biens de la Couronne.

12. Les propriétés de la Couronne ne sont pas soumises à l'impôt ; elles supportent néanmoins toutes les charges communales et départementales. — Afin de fixer leurs portions contributives dans ces charges, elles sont portées sur les rôles, et pour leurs revenus estimatifs, de la même manière que les propriétés privées.

13. L'Empereur peut faire aux palais, bâtiments et domaines de la Couronne, tous les changements, additions et démolitions qu'il juge utiles à leur conservation ou à leur embellissement.

14. L'entretien et les réparations de toute nature de meubles et immeubles de la Couronne sont à la charge de la liste civile (1).

15. Sauf les conditions qui précèdent, et l'obligation de fournir caution dont l'Empereur est affranchi, toutes les autres règles du droit civil régissent les propriétés de la Couronne.

TITRE II.

DU DOUAIRE DE L'IMPÉRATRICE ET DE LA DOTATION DES PRINCES DE LA FAMILLE IMPÉRIALE.

16. Le douaire de l'impératrice est fixé par un sénatus-consulte, lors du mariage de l'Empereur.

17. Une dotation annuelle de quinze cent mille francs est affectée aux princes et princesses de la famille impériale. La répartition de cette dotation est faite par décret de l'Empereur.

TITRE III.

DU DOMAINE PRIVÉ.

18. Le domaine privé de l'Empereur se compose des biens qu'il acquiert à titre gratuit ou onéreux pendant son règne.

19. L'Empereur peut disposer de son domaine privé sans être assujetti aux règles du Code civil sur la quotité disponible. — S'il n'en a pas disposé, les propriétés du domaine privé font retour au domaine de l'État et font partie de la dotation de la Couronne.

20. Les propriétés du domaine privé sont, sauf l'exception portée en l'article précédent soumises à toutes les règles du code Napoléon ; elles sont imposées et cadastrées.

TITRE IV.

DES DROITS DES CRÉANCIERS ET DES ACTES JUDICIAIRES.

21. Demeurent toujours réservés sur le domaine privé délaissé par l'Empereur, les droits de ses créanciers et les droits des employés de sa maison à qui des pensions de retraite ont été accordées ou sont dues par imputation sur un fonds de retenues faites sur leurs appointements.

22. Les actions concernant la dotation de la Couronne et le domaine privé sont dirigées par ou contre l'administrateur de ce domaine. — Les unes et les autres sont d'ailleurs instruites et jugées dans les formes ordinaires, sauf la présente dérogation à l'article 69 du Code de procédure civile (2).

23. Les titres sont exécutoires seulement sur tous les biens meubles et immeubles composant le domaine privé. — Ils ne le sont jamais sur les effets mobiliers renfermés dans les palais, manufactures et maisons impériales, ni sur les deniers de la liste civile.

18 Décembre 1852.

DÉCRET ORGANIQUE

Qui règle, conformément à l'article 4 du sénatus-consulte du 7 novembre 1852, l'ordre de succession au trône dans la famille Bonaparte.

Art. 1er. Dans le cas où nous ne laisserions aucun héritier direct, légitime

---

(1) V. sénatus-consulte du 20 juin 1860.
(2) V. sénatus-consulte du 25 avril 1856.

ou adoptif, notre oncle bien aimé Jérôme-Napoléon Bonaparte, et sa descendance directe, naturelle et légitime, provenant de son mariage avec la princesse Catherine de Wurtemberg, de mâle en mâle, par ordre de primogéniture et à l'exclusion perpétuelle des femmes, sont appelés à nous succéder.

2. Le présent décret, revêtu du sceau de l'Etat, sera porté au Sénat par notre Ministre d'Etat pour être déposé dans ses archives.

25 Décembre 1852.

SÉNATUS-CONSULTE

Portant interprétation et modification de la Constitution du 14 janvier 1852.

Art. 1er. L'Empereur a le droit de faire grâce et d'accorder des amnisties.

2. L'Empereur préside, quand il le juge convenable, le Sénat et le conseil d'Etat.

3. Les traités de commerce faits en vertu de l'art. 6 de la Constitution ont force de loi pour les modifications de tarif qui y sont stipulées.

4. Tous les travaux d'utilité publique, notamment ceux désignés par l'article 10 de la loi du 21 avril 1832 et l'article 3 de la loi du 3 mai 1841, toutes les entreprises d'intérêt général, sont ordonnés ou autorisés par décrets de l'Empereur. — Ces décrets sont rendus dans les formes prescrites pour les règlements d'administration publique. — Néanmoins, si ces travaux et entreprises ont pour condition des engagements ou des subsides du Trésor, le crédit devra être accordé ou l'engagement ratifié par une loi avant la mise à exécution. — Lorsqu'il s'agit de travaux exécutés pour le compte de l'Etat, et qui ne sont pas de nature à devenir l'objet de concessions, les crédits peuvent être ouverts, en cas d'urgence, suivant les formes prescrites pour les crédits extraordinaires : ces crédits seront soumis au Corps législatif dans sa plus prochaine session (1).

5. Les dispositions du décret organique du 22 mars 1852 peuvent être modifiées par des décrets de l'Empereur.

6. Les membres de la famille impériale appelés éventuellement à l'hérédité et leurs descendants portent le titre de princes français. — Le fils aîné de l'Empereur porte le titre de prince impérial.

7. Les princes français sont membres du Sénat et du conseil d'Etat quand ils ont atteint l'âge de dix-huit ans accomplis. — Ils ne peuvent y siéger qu'avec l'agrément de l'Empereur.

8. Les actes de l'état civil de la famille impériale sont reçus par le ministre d'Etat, et transmis, sur un ordre de l'Empereur, au Sénat, qui en ordonne la transcription sur ses registres et le dépôt dans ses archives.

9. La dotation de la Couronne et la liste civile de l'Empereur sont réglées, pour la durée de chaque règne, par un sénatus-consulte spécial.

10. Le nombre des sénateurs nommés directement par l'Empereur ne peut excéder cent cinquante.

11. Une dotation annuelle et viagère de trente mille francs est affectée à la dignité de sénateur.

12. Le budget des dépenses est présenté au Corps législatif, avec ses subdivisions administratives, par chapitres et par articles. — Il est voté par ministère. — La répartition par chapitres du crédit accordé pour chaque ministère est réglée par décret de l'Empereur, rendu en conseil d'Etat. — Des décrets spéciaux, rendus dans la même forme, peuvent autoriser des virements d'un chapitre à un autre. Cette disposition est applicable au budget de l'année 1853 (2).

13. Le compte-rendu prescrit par l'article 42 de la Constitution est soumis, avant sa publication, à une commission composée du président du Corps législatif et des présidents de chaque bureau. En cas de partage d'opinions, la voix du président du Corps législatif est prépondérante. — Le procès-verbal de la séance, lu à l'assemblée, constate seulement les opérations et les votes du Corps législatif.

---

(1) V. sénatus-consulte, du 31 décembre 1861.
(2) V. sénatus-consulte du 31 décembre 1861.

14. Les députés au Corps législatif reçoivent une indemnité qui est fixée à deux mille cinq cents francs par mois, pendant la durée de chaque session ordinaire ou extraordinaire.

15. Les officiers généraux placés dans le cadre de réserve peuvent être membres du Corps législatif. Ils sont réputés démissionnaires s'ils sont employés activement, conformément à l'article 5 du décret du 1er décembre 1852, et à l'article 3 de la loi du 4 août 1839.

16. Le serment prescrit par l'article 14 de la Constitution est ainsi conçu : « Je jure obéissance à la Constitution et fidélité à l'Empereur. »

17. Les articles 2, 9, 14, 15, 16, 17, 18, 19, 22 et 37 de la Constitution du 14 janvier 1852, sont abrogés.

51 Décembre 1852.

DÉCRET IMPÉRIAL (1)

Portant réglement des rapports du Sénat et du Corps législatif avec l'Empereur et le conseil d'Etat, et établissant les conditions organiques de leurs travaux.

TITRE Ier. — DU CONSEIL D'ÉTAT.

Art. 1er. Les projets de loi et de sénatus-consultes, les réglements d'administration publique préparés par les différents départements ministériels, sont soumis à l'Empereur, qui les remet directement ou les fait adresser par le ministre d'Etat au président du conseil d'Etat.

2. Les ordres du jour des séances du conseil d'Etat sont envoyés à l'avance au ministre d'Etat, et le président du conseil d'Etat pourvoit à ce que ce ministre soit toujours avisé en temps utile de tout ce qui concerne l'examen ou la discussion des projets de lois, des sénatus-consultes et des réglements d'administration publique envoyés à l'élaboration du conseil.

3. Les projets de lois ou de sénatus-consultes, après avoir été élaborés au conseil d'Etat, conformément à l'art. 50 de la Constitution, sont remis à l'Empereur par le président du conseil d'Etat, qui y joint les noms des commissaires qu'il propose pour en soutenir la discussion devant le Corps législatif ou le Sénat.

4. Un décret de l'Empereur ordonne la présentation du projet de loi au Corps législatif, ou du sénatus-consulte au Sénat, et nomme les conseillers d'Etat chargés d'en soutenir la discussion.

5. Ampliation de ce décret est transmise avec le projet de loi ou de sénatus-consulte au Corps législatif ou au Sénat par le ministre d'Etat.

TITRE II. — DU SÉNAT.

CHAPITRE Ier. — *Réunion du Sénat. — Formation des bureaux.*

6. Pendant la durée des sessions, le Sénat se réunit sur la convocation de son président. — Quand la session est close, les réunions du Sénat ne peuvent avoir lieu qu'en vertu d'un décret de l'Empereur.

7. Le Sénat se divise, par la voie du sort, en cinq bureaux. — Ces bureaux examinent les propositions qui leur sont renvoyées et élisent les commissions qu'il y a lieu de nommer.

CHAPITRE II. — *Des projets de lois.*

8. Les projets de lois adoptés par le Corps législatif, et qui doivent être soumis au Sénat, en exécution de l'art. 25 de la Constitution, sont, avec les décrets qui nomment les conseillers d'Etat chargés de soutenir la discussion, transmis par le ministre d'Etat au président du Sénat, qui en donne lecture en séance générale.

9. Le Sénat décide immédiatement, par assis et levé, s'il est nécessaire de

---

(1) V. décret impérial du 5 février 1861.

renvoyer le projet de loi à la discussion des bureaux et à l'examen d'une commission, ou s'il peut être, sans cet examen préliminaire, passé outre à la délibération en séance générale.

10. Le Sénat n'ayant à statuer que sur la question de la promulgation, son vote ne comporte la présentation d'aucun amendement.

11. Au jour indiqué pour la délibération en séance générale, le Sénat, après la clôture de la discussion prononcée par le président, vote sur la question de savoir s'il y a lieu de s'opposer à la promulgation.

12. Le vote n'est pas secret. — Il est pris à la majorité absolue par un nombre de votants supérieur à la moité de celui des membres du Sénat; sinon il est nul et doit être recommencé.

13. Le vote est recensé par le secrétaire du Sénat, assisté de deux secrétaires élus pour chaque session.

14. Le président du Sénat proclame en ces termes le résultat du scrutin. « Le Sénat s'oppose, » ou : « Le Sénat ne s'oppose pas à la promulgation. »

15. Le résultat de la délibération est transmis au ministre d'Etat par le président du Sénat.

Chapitre III. — *Des Sénatus-Consultes.*

16. L'Empereur propose les sénatus-consulte réglant les objets énumérés dans l'art. 27 de la Constitution ; l'initiative de la proposition peut aussi être prise par un ou plusieurs sénateurs.

17. Les projets de sénatus-consultes proposés par l'Empereur seront portés et lus au Sénat par les conseillers d'Etat à ce commis, discutés dans les bureaux, et examinés par une commission, qui en fera rapport en séance générale. — Ceux provenant de l'initiative des sénateurs ne seront lus en séance générale qu'autant que la prise en considération en aura été autorisée par trois au moins des cinq bureaux. — Dans ce cas, le texte en sera immédiatement transmis, par le président du Sénat, au ministre d'Etat, et une commission sera nommée, comme il est dit en l'article précédent.

18. Les amendements proposés sur le projet de sénatus-consulte seront, jusqu'à l'ouverture de la délibération en séance générale, renvoyés par le président du Sénat à la commission, qui exprimera son avis, soit dans son rapport principal, soit dans un rapport supplémentaire. — Les amendements produits pendant la délibération en séance générale ne seront lus et développés qu'autant qu'ils seront appuyés par cinq membres. — Le texte en sera toujours, et à l'avance, communiqué aux commissaires du Gouvernement. — La commission a le droit de demander qu'avant le vote l'amendement lui soit renvoyé.

19. Le vote, soit sur les articles du projet de sénatus-consulte, soit sur son ensemble, a lieu conformément aux art. 12 et 13 du présent décret. — Le président en proclame le résultat en ces termes : « Le Sénat a adopté, » ou : « Le Sénat n'a pas adopté. »

20. Le résultat de la délibération est portée à l'Empereur par le président du Sénat ou par deux vice-présidents qu'il délègue.

Chapitre IV. — *Actes dénoncés au Sénat comme inconstitutionnels.*

21. Lorsqu'un acte est déféré comme inconstitutionnel par le Gouvernement au Sénat, le decret qui saisit le Sénat et qui nomme les conseillers d'Etat devant prendre part à la discussion est transmis par le ministre d'Etat au président du Sénat. — Les bureaux examinent cette demande, et nomment une commission sur le rapport de laquelle il est procédé au vote, conformément aux art. 12 et 13 du présent décret. Le président proclame le résultat en ces termes : « Le Sénat maintient, » ou : « annule. »

22. Si l'inconstitutionnalité est dénoncée par une pétition, il est procédé de la même manière. — Toutefois, et préalablement, la pétition est lue en séance générale. La question préalable peut alors être proposée, et si elle est admise, le président prononce qu'il n'y a lieu à plus ample informé. — Si la question préalable n'est pas admise, le président du Sénat en avise le ministre d'Etat, la pétition est renvoyée dans les bureaux, et il est procédé comme en l'article précédent.

23. La décision du Sénat est transmise, par les soins du président, au ministre d'Etat.

CHAPITRE V. — *Rapport à l'Empereur sur les bases des projets de lois d'un grand intérêt national.*

24. Tout sénateur peut proposer de présenter à l'Empereur un rapport posant les bases d'un projet de loi d'un grand intérêt national. — La proposition est motivée par écrit, remise au président du Sénat, imprimée, distribuée et renvoyée dans les bureaux.

25. Si trois bureaux au moins sont d'avis de la prise en considération, le président du Sénat en avise le ministre d'Etat. — Une commission est nommée dans les bureaux, et cette commission rédige le projet de rapport à envoyer à l'Empereur.

26. Ce projet de rapport, imprimé, distribué et transmis à l'avance au ministre d'Etat, est discuté en séance générale. — Il peut être amendé dans les formes prévues par l'art. 18 du présent décret.

27. Le vote sur l'adoption ou le rejet du projet de rapport a lieu conformément aux art. 12 et 43 du présent décret. — Le président du Sénat proclame le résultat en ces termes : « Le rapport est adopté, » ou : « Le rapport n'est pas adopté. »

28. S'il y a adoption, le rapport est envoyé par le président du Sénat au ministre d'Etat.

CHAPITRE VI. — *Des propositions de modification à la Constitution.*

29. Toute proposition de modification à la Constitution, autorisée par l'art. 31 de la Constitution, ne peut être déposée par des membres du Sénat qu'autant qu'elle est signée par dix sénateurs au moins. — Quand une proposition est déposée dans ces conditions, il est procédé, conformément aux art. 17, deuxième et troisième paragraphes, 18 et 19 du présent décret. — Le résultat de la délibération est porté, par le président du Sénat, à l'Empereur, qui avise, conformément à l'art. 31 de la Constitution.

CHAPITRE VII. — *Pétitions.*

30. Les pétitions adressées au Sénat, conformément à l'art. 45 de la Constitution, sont examinées par des commissions nommées chaque mois dans les bureaux. — Le feuilleton des pétitions est toujours communiqué à l'avance au ministre d'Etat. — Il est fait un rapport des pétitions en séance générale, et le vote porte sur l'ordre du jour pur et simple, le dépôt au bureau des renseignements, ou le renvoi au ministre compétent. — Si le renvoi au ministre compétent est prononcé, la pétition et un extrait de la délibération sont, par les ordres du président du Sénat, transmis au ministre d'Etat.

CHAPITRE VIII. — *Proclamation de l'Empereur au Sénat.*

31. Les proclamations de l'Empereur portant ajournement, prorogation ou clôture de la session, sont portées au Sénat par les ministres ou les conseillers d'Etat à ce commis ; elles sont lues toute affaire cessante, et le Sénat se sépare à l'instant.

CHAPITRE IX. — *Dispositions communes aux articles précédents.*

32. ...ns toute délibération du Sénat, le Gouvernement a le droit d'être représenté par des conseillers d'Etat à ce commis par des décrets spéciaux. — Les ordres du jour des séances sont toujours envoyés à l'avance au ministre d'Etat, et le président du Sénat veille à ce que tous les avis et communications nécessaires lui soient transmis en temps utile.

33. Les commissaires du Gouvernement ne sont point assujettis au tour de parole. — Ils obtiennent la parole quand ils la demandent.

CHAPITRE X. — *Administration du Sénat.*

34. Le président du Sénat le représente dans ses rapports avec le chef de l'Etat, et dans les cérémonies publiques. — Il préside les séances du Sénat.

35. En cas d'absence du président du Sénat, la présidence est exercée, par le premier vice-président.

36. Le grand référendaire est chargé de la direction des services administratifs et de la comptabilité. Il est le chef du personnel des employés ; il veille au maintien de l'ordre intérieur et de la sûreté. Il délivre les certificats de vie et les passe-ports. Il fait expédier les convocations pour les cérémonies.

37. Le secrétaire du Sénat est, sous l'autorité du président, chargé du service législatif. — Il dirige la rédaction des procès-verbaux, dont il est responsable, et qu'il présente, après chaque séance, à la signature du président ou du vice-président qui aura tenu la séance. — Il a la garde du sceau du Sénat, et l'appose d'après les ordres du président. — Il est chargé de l'ampliation officielle des sénatus-consultes et autres décisions du Sénat, et de l'enregistrement des décrets de l'Empereur portant nomination de sénateurs. — Il expédie les convocations pour les séances. — Il transmet aux commissions élues pour les examiner, les pétitions adressées au Sénat.

38. Le président nomme les employés supérieurs du Sénat. — Le grand référendaire présente à la nomination du président les employés du service administratif, le secrétaire du Sénat, ceux du service législatif — Le grand référendaire nomme tous les gens de service.

39. Le palais du petit et grand Luxembourg, la maison de la rue d'Enfer, n° 28 et la maison de la rue de Vaugirard, n° 36, le mobilier qui les garnit, les jardins réservés et la bibliothèque, sont affectés au Sénat. — Le service du commandant militaire du palais, les adjudants et surveillants, ainsi que le service des jardins ouverts au public, sont sous les ordres du grand référendaire.

CHAPITRE XI. — *Dispositions concernant l'administration financière et la comptabilité du Sénat.*

40. La dotation du Sénat prend place dans le Budget de l'Etat, à la suite des dépenses de la dette publique.

41. Le grand référendaire propose chaque année au président du Sénat, le projet du budget et des dépenses du Sénat. — Ce projet est approuvé par le président et transmis à la commission de comptabilité.

42. Cette commission examine et discute les dépenses proposées, et rédige un rapport qu'elle présente à l'assemblée.

43. Le Sénat délibère sur les crédits applicables aux besoins de chaque exercice, et vote l'ensemble du budget.

44. Le grand référendaire mandate les dépenses sur les crédits qui lui sont ouverts par les ordonnances de délégation du ministre des finances. — Ces mandats sont acquittés dans les formes et avec les justifications prescrites par les lois et règlements de la comptabilité publique.

45. Le compte de chaque exercice est présenté par le grand référendaire au président du Sénat, qui le transmet à la commission de comptabilité ; celle-ci le vérifie et fait un rapport qu'elle présente au Sénat qui l'arrête définitivement.

TITRE III. — DU CORPS LÉGISLATIF.

CHAPITRE 1er. — *Réunion du Corps législatif, formation et organisation des bureaux, vérification des pouvoirs.*

46. Le Corps législatif se réunit au jour indiqué par le décret de convocation.

Le Gouvernement est représenté par des conseillers d'Etat à ce commis par des décrets spéciaux dans toute délibération du Corps législatif.

47. A l'ouverture de la première séance, le président du Corps législatif, assisté des quatre plus jeunes membres présents, lesquels rempliront pendant toute la durée de la session, les fonctions de secrétaires, procède par la voie du tirage au sort, à la division de l'assemblée en sept bureaux. — Les bureaux ainsi formés se renouvellent chaque mois pendant la session par la voie du tirage au sort. — Ils élisent leurs présidents et leurs secrétaires.

48. Les bureaux procèdent sans délai, à l'examen des procès-verbaux d'élection qui leur sont répartis par le président du Corps législatif, et chargent un ou plusieurs de leurs membres d'en faire le rapport en séance publique.

49. L'assemblée statue sur ce rapport; si l'élection est déclarée valable, l'élu prête, séance tenante, ou s'il est absent, à la première séance à laquelle il assiste le serment prescrit par l'art. 14 de la Constitution et l'art. 16 du sénatus-consulte du 25 décembre 1852, et le président du Corps législatif prononce ensuite son admission. Le député qui n'a pas prêté serment dans la quinzaine du jour où son élection a été déclarée valide est réputé démissionnaire. — En cas d'absence, le serment peut être prêté par écrit, et doit être, en ce cas adressé par le député au président du Corps législatif dans le délai ci-dessus déterminé.

50. Après la vérification des pouvoirs et sans attendre qu'il ait été statué sur les élections contestées ou ajournées, le président du Corps législatif fait connaître à l'Empereur que le Corps législatif est constitué.

CHAPITRE II. — *Présentation, discussion, vote des projets de loi.*

51. Les projets de lois présentés par l'Empereur sont apportés et lus au Corps législatif par les conseillers d'Etat commis à cet effet, ou transmis, sur les ordres de l'Empereur, par le ministre d'Etat, au président du Corps législatif, qui en donne lecture en séance publique. Ces projets sont imprimés, distribués et mis à l'ordre du jour des bureaux, qui les discutent et nomment, au scrutin secret et à la majorité, une commission de sept membres chargés d'en faire rapport. — Suivant la nature des projets à examiner, le Corps législatif peut décider que les commissions à nommer par les bureaux seront de quatorze membres au lieu de sept.

52. Tout amendement venant de l'initiative d'un ou plusieurs membres est remis au président et transmis par lui à la commission. — Toutefois, aucun amendement n'est reçu après le dépôt du rapport fait en séance publique (1).

53. Les auteurs de l'amendement ont le droit d'être entendus dans la commission.

54. Si l'amendement est adopté par la commission, elle en transmet la teneur au président du Corps législatif, qui le renvoie au conseil d'Etat, et il est sursis au rapport de la commission, jusqu'à ce que le conseil d'Etat ait émis son avis. — La commission peut déléguer trois de ses membres pour faire connaître au conseil d'Etat les motifs qui ont déterminé son vote.

55. Si l'avis du conseil d'Etat, transmis à la commission par l'intermédiaire du Président du Corps législatif, est favorable, ou qu'une nouvelle rédaction admise au conseil d'Etat soit adoptée par la commission, le texte du projet de loi à discuter en séance publique sera modifié conformément à la nouvelle rédaction adoptée. — Si cet avis est défavorable ou que la nouvelle rédaction admise au conseil d'Etat ne soit pas adoptée par la commission, l'amendement sera regardé comme non avenu.

56. Le rapport de la commission sur le projet de loi par elle examiné est lu en séance publique, imprimé et distribué vingt-quatre heures au moins avant la discussion.

57. A la séance fixée par l'ordre du jour, la discussion s'ouvre et porte d'abord sur l'ensemble de la loi, puis sur les divers articles. Il n'y a jamais lieu de délibérer sur la question de savoir si l'on passera à la discussion des articles, mais les articles sont successivement mis aux voix par le président. — Le vote a lieu par assis et levé. Si le bureau déclare l'épreuve douteuse, il est procédé au scrutin.

58. Après le vote sur les articles, il est procédé au vote sur l'ensemble du projet de loi. — Le vote a lieu au scrutin public et à la majorité absolue. — Le scrutin est dépouillé par les secrétaires et proclamé par le président. — La présence de la majorité des députés est nécessaire pour la validité du vote. — — Si le nombre des votants n'atteint pas cette majorité, le président déclare le scrutin nul et ordonne qu'il y soit procédé de nouveau. — Les propositions de

---

(1) V. décret impérial du 24 novembre 1860

lois relatives à des intérêts communaux ou départementaux, qui ne donnent lieu à aucune réclamation, seront votées par assis et levé, à moins que le scrutin ne soit réclamé par dix membres au moins.

59. Le Corps législatif ne motive ni son acceptation ni son refus; sa décision ne s'exprime que par l'une de ces deux formules : « Le Corps législatif a adopté, » ou : « Le Corps législatif n'a pas adopté. »

60. La minute du projet de loi adopté par le Corps législatif est signée par le président et les secrétaires, et déposée dans les archives. — Une expédition revêtue des mêmes signatures est portée à l'Empereur par le président et les secrétaires.

CHAPITRE III. — *Messages et proclamations adressés au Corps législatif par l'Empereur.*

61. Les messages et proclamations que l'Empereur adresse au Corps législatif sont apportés et lus en séance par les ministres ou les conseillers d'État commis à cet effet. — Ces messages et proclamations ne peuvent être l'objet d'aucune discussion ni d'aucun vote, à moins qu'ils ne contiennent une proposition sur laquelle il doive être voté.

62. Les proclamations de l'Empereur portant ajournement, prorogation ou dissolution du Corps législatif, sont lues en séance publique, toute affaire cessante, et le Corps législatif se sépare à l'instant.

CHAPITRE IV. — *Tenue des Séances.*

63. Le président du Corps législatif fait l'ouverture et annonce la clôture des séances; il indique, à la fin de chacune, après avoir consulté l'assemblée, l'heure d'ouverture de la séance suivante et l'ordre du jour, lequel sera affiché dans la salle. Cet ordre du jour est immédiatement envoyé au ministre d'État, et le président du Corps législatif veille à ce que tous les avis et communications nécessaires lui soient transmis en temps utile.

64. Aucun membre ne peut prendre la parole sans l'avoir demandée et obtenue du président, ni parler d'ailleurs que de sa place.

65. Les membres du conseil d'État chargés de soutenir, au nom du Gouvernement, la discussion des projets de lois, ne sont point assujettis au tour d'inscription et obtiennent la parole quand ils la réclament.

66. Le membre rappelé à l'ordre pour avoir interrompu ne peut obtenir la parole. — Si l'orateur s'écarte de la question, le président l'y rappelle. Le président peut accorder la parole sur le rappel à la question. — Si l'orateur rappelé deux fois à la question dans le même discours continue à s'en écarter, le président consulte l'assemblée pour savoir si la parole ne sera pas interdite à l'orateur pour le reste de la séance sur la même question. La décision a lieu par assis et levé sans débats.

67. Le président rappelle seul à l'ordre l'orateur qui s'en écarte. La parole est accordée à celui qui, rappelé à l'ordre, s'y est soumis et demande à se justifier; il obtient seul la parole. — Lorsqu'un orateur a été rappelé deux fois à l'ordre dans le même discours, le président après lui avoir accordé la parole pour se justifier, s'il le demande, consulte l'assemblée pour savoir si la parole ne sera pas interdite à l'orateur pour le reste de la séance sur la même question. La décision a lieu par assis et levé et sans débats.

68. Toute personnalité, tout signe d'approbation ou d'improbation sont interdits.

69. Si un membre du Corps législatif trouble l'ordre, il y est rappelé nominativement par le président; s'il persiste, le président ordonne d'inscrire au procès-verbal le rappel à l'ordre. En cas de résistance, l'assemblée, sur la proposition du président, prononce sans débats l'exclusion de la salle des séances pendant un temps qui ne peut excéder cinq jours; l'affiche de cette décision, dans le département où a été élu le membre qu'elle concerne, peut être ordonnée.

70. Si l'assemblée devient tumultueuse, et si le président ne peut la calmer, il se couvre; si le trouble continue, il annonce qu'il va suspendre la séance; si le calme ne se rétablit pas, il suspend la séance pendant une heure, durant

laquelle les députés se réunissent dans leurs bureaux respectifs. L'heure expirée, la séance est reprise ; mais si le tumulte renaît, le président lève la séance et la renvoie au lendemain.

71. Les réclamations d'ordre du jour, de priorité et de rappel au règlement ont la préférence sur la question principale et en suspendent la discussion. — Les votes d'ordre du jour ne sont jamais motivés. — La question préalable, c'est-à-dire celle qu'il y a lieu à délibérer, est mise aux voix avant la question principale. Elle ne peut être demandée sur les propositions faites par l'Empereur.

72. Les demandes de comité secret, autorisées par l'art. 44 de la Constitution, sont signées par les membres qui les font et remises aux mains du président, qui en donne lecture, y fait droit et les fait consigner au procès-verbal.

73. Lorsque l'autorisation exigée par l'art. 44 de la loi du 2 février 1852 sera demandée, le président indiquera seulement l'objet de la demande, et renverra immédiatement dans les bureaux, qui nommeront une commission pour examiner s'il y a lieu d'autoriser les poursuites.

CHAPITRE V. — *Procès-verbaux et comptes rendus.*

74. La rédaction des procès-verbaux des séances et la préparation du compte rendu prescrit par l'art. 42 de la Constitution sont placées sous la haute direction du président du Corps législatif et confiées à des rédacteurs spéciaux nommés par lui, et qu'il peut révoquer.

75. Le procès-verbal de chaque séance constate seulement, conformément à l'art. 13 du sénatus-consulte du 25 décembre 1852, les opérations et les votes du Corps législatif. Il est signé du président, et lu par l'un des secrétaires à la séance suivante.

76. Les comptes rendus prescrits par l'art. 42 de la Constitution contiennent les noms des membres qui ont pris la parole dans la séance et le resumé de leurs opinions.

77. Les procès-verbaux des séances, après leur approbation par l'assemblée, les comptes rendus, après leur approbation par la commission instituée par l'article 13 du sénatus-consulte organique du 25 décembre 1852, sont transcrits sur deux registres signés par le président.

78. Un arrêté spécial du président du Corps législatif règle le mode de communication de ce compte rendu aux journaux (1).

79. Tout membre peut faire imprimer et distribuer à ses frais le discours qu'il a prononcé, après en avoir obtenu l'autorisation de la commission instituée par l'art. 13 du sénatus-consulte du 25 décembre 1852. Cette autorisation doit être approuvée par le Corps législatif. — L'impression et la distribution faite en contravention aux dispositions qui précèdent seront punies d'une amende de 500 à 5,000 fr. contre les imprimeurs, et de 5 à 500 fr. contre les distributeurs.

CHAPITRE VI. — *Installation et administration intérieure.*

80. Le Palais-Bourbon et l'Hôtel de la présidence, avec leurs mobiliers et dépendances, restent affectés au Corps législatif.

81. Le président du Corps législatif a la haute administration de ce corps. Il habite le palais.

82. Il règle, par des arrêtés spéciaux, l'organisation de tous les services et l'emploi des fonds affectés aux dépenses du Corps législatif.

83. Il est assisté de deux questeurs nommés pour l'année par l'Empereur. — Les questeurs ordonnancent, conformément aux arrêtés pris par le président, et sur la délégation du crédit faite par le ministre des finances, les dépenses du personnel et du matériel. Le président peut leur déléguer tout ou partie de ses pouvoirs administratifs. Les questeurs habitent au palais législatif et reçoivent un traitement.

84. Le président du Corps législatif pourvoit à tous les emplois, et prononce les révocations quand il y a lieu.

85. Une commission de sept membres, nommés par les bureaux à chaque

---

(1) V. décret impérial du 21 nov. 1860.

session annuelle, procède à l'apurement et au jugement des comptes du trésorier du Corps législatif, et transmet son arrêt au président de ce corps, qui en assure l'exécution.

Chapitre VII. — *De la police intérieure du Corps législatif.*

86. Le président du Corps législatif a la police des séances et celle de l'enceinte du palais.

87. Nul étranger ne peut, sous aucun prétexte, s'introduire dans l'enceinte où siégent les députés.

88. Toute personne qui donne des marques d'approbation ou d'improbation, ou qui trouble l'ordre, est sur-le-champ exclue des tribunes par les huissiers et traduite, s'il y a lieu, devant l'autorité compétente.

Chapitre VIII. — *Congés.*

89. Aucun membre du Corps législatif ne peut s'absenter sans obtenir un congé de l'Assemblée. — Les passe-ports sont signés par le président du Corps législatif, qui, sauf les cas d'urgence, ne peut les délivrer qu'après le congé obtenu.

Chapitre IX. — *Dispositions générales.*

90. La dotation du Corps législatif est inscrite au budget immédiatement après celle du Sénat.

91. Le président pourvoit, par des arrêtés réglementaires, à tous les détails de la police et de l'administration du Corps législatif.

TITRE IV.

92. La garde militaire du Sénat et du Corps législatif est sous les ordres du ministre de la guerre, qui s'entend à ce sujet avec le président du Sénat et avec le président du Corps législatif. — Pendant la session, une garde d'honneur rend les honneurs militaires aux présidents de ces deux corps lorsqu'ils se rendent aux séances.

93. Le décret du 22 mars 1852 est et demeure rapporté.

25 avril 1856.

SÉNATUS-CONSULTE

Interprétatif de l'art. 22 du sénatus-consulte du 12 décembre 1852, sur la liste civile et la dotation de la Couronne.

Article unique. L'administrateur de la dotation de la Couronne a seul qualité pour procéder en justice, soit en demandant, soit en défendant, dans les instances relatives à la propriété des biens faisant partie de cette dotation ou du domaine privé. — Il a seul qualité pour préparer et consentir les actes relatifs aux échanges du domaine de la Couronne, et tous autres conformes aux prescriptions du sénatus-consulte, du 12 décembre 1852. — Il a pareillement qualité, dans les cas prévus par les articles 13 et 26 de la loi du 3 mai 1841, pour consentir seul les expropriations et recevoir les indemnités, sous la condition de faire remploi desdites indemnités, soit en immeubles, soit en rentes sur l'Etat, sans toutefois que le débiteur soit tenu de surveiller le remploi.

17 Juillet 1856.

SÉNATUS-CONSULTE

Sur la régence de l'Empire.

TITRE Ier. — DE LA RÉGENCE.

Art. 1er. L'Empereur est mineur jusqu'à l'âge de dix-huit ans accomplis.

2. Si l'Empereur mineur monte sur le trône sans que l'Empereur son père ait disposé, par acte rendu public avant son décès, de la régence de l'Empire, l'Impératrice-mère est régente et a la garde de son fils mineur.

3. L'Impératrice-régente qui convole à de secondes noces perd de plein droit la régence et la garde de son fils mineur.

4. A défaut de l'Impératrice, qu'elle ait ou non exercé la régence, et si

CODE ALPHABÉTIQUE

DES

INFRACTIONS

A L'USAGE DE TOUS LES FRANÇAIS,

PAR

MICHEL AUBERT.

ABRÉVIATIONS.

A.	Arrêté.
A. M.	Arrêté municipal.
A. P.	Arrêté préfectoral.
Art.	Article.
Cir.	Circulaire.
Com.	Code de commerce.
Const.	Constitution.
C. R.	Code rural.
D.	Décret.
Décl.	Déclaration.
E.	Edit.
Emp.	Emprisonnement
E. cl.	Etablissements classés.
F.	Code forestier.
I. C.	Code d'instruction criminelle.
L.	Loi.
N.	Code Napoléon.
Ord. d'ex.	Ordonnance d'exécution (Code forestier).
O. P.	Ordonnance préfectorale.
O. R.	Ordonnance royale.
P.	Code pénal.
P. A.	Police administrative.
P. C.	Police des cultes.
P. F.	Pêche fluviale (Code de la)
P. J.	Police judiciaire.
P. L.	Police locale.
P. S.	Police spéciale.
Pr.	Code de procédure civile.
Régl.	Réglement.
S.	Suivant, suivante.
T.	Taxe.
T. cr.	Tarif criminel.
Tit.	Titre.
Tr.	Traité.

CODE ALPHABETIQUE
DES INFRACTIONS
AUX LOIS DE POLICE
MUNICIPALE, RURALE, JUDICIAIRE ET ADMINISTRATIVE.

A

ABANDON. — Seront punis d'amende depuis un franc jusqu'à cinq francs inclusivement, ceux qui auront embarrassé la voie publique en y déposant ou y laissant sans nécessité des matériaux ou des choses quelconques qui empêchent ou diminuent la liberté ou la sûreté du passage. P. 471 n° 4,

— Seront également punis d'un à cinq francs d'amende, ceux qui auront laissé dans les rues, chemins, places, lieux publics, ou dans les champs, des coutres de charrue, pinces, barres, barreaux, ou autres machines, ou instruments, ou armes, dont puissent abuser les voleurs et autres malfaiteurs. P. 471 n° 7.

ABANDON d'Enfant. — Toute personne qui, ayant trouvé un enfant nouveau-né, ne l'aura pas remis à l'officier de l'état civil, ainsi qu'il est prescrit par l'art. 58 du Code Nap., sera punie d'un emprisonnement de six jours à six mois, et d'une amende de seize francs à trois cents francs.

— La présente disposition n'est point applicable à celui qui aurait consenti à se charger de l'enfant, et qui aurait fait sa déclaration à cet égard devant la municipalité du lieu où l'enfant a été trouvé. P. 347 (N. 58.)

— Ceux qui auront porté à un hospice un enfant au-dessous de l'âge de sept ans accomplis, qui leur aurait été confié afin qu'ils en prissent soin ou pour toute autre cause, seront punis d'un emprisonnement de six semaines à six mois, et d'une amende de seize francs à cinquante francs. Toutefois aucune peine ne sera prononcée, s'ils n'étaient pas tenus ou ne s'étaient pas obligés de pourvoir gratuitement à la nourriture et à l'entretien de l'enfant, et si personne n'y avait pourvu. P. 348. (P. 9, 40, s., 52, 345, 349, s.)

— Ceux qui auront exposé et délaissé en un lieu solitaire un enfant au-dessous de l'âge de sept ans accomplis, ceux qui auront donné l'ordre de l'exposer ainsi, si cet ordre a été exécuté, seront, pour ce seul fait, condamnés à un emprisonnement de six mois à deux ans, et à une amende de seize francs à deux cents francs. P. 349. (P. 9, 40, s., 52, 345, 348, 350, s., 463.)

— La peine portée au précédent article sera de deux ans à cinq ans, et l'amende de cinquante francs à quatre cents francs, contre les tuteurs ou tutrices, instituteurs ou institutrices de l'enfant exposé et délaissé par eux ou par leur ordre. P. 350. (P. 9, 40, s., 52, 351, 553; N. 385, s., 388, s., 450.)

— Si, par suite de l'exposition et du

délaissement prévus par les articles 349 et 350, l'enfant est demeuré mutilé ou estropié, l'action sera considérée comme blessures volontaires à lui faites par la personne qui l'a exposé et délaissé; et si la mort s'en est suivie, l'action sera considérée comme meurtre ; au premier cas, les coupables subiront la peine applicable aux blessures volontaires; et au second cas, celle du meurtre. P. 351. (P. 7, 295, 304, 309, s.)

— Ceux qui auront exposé et délaissé en un lieu non solitaire un enfant au-dessous de l'âge de sept ans accomplis seront punis d'un emprisonnement de trois mois à un an, et d'une amende de seize francs à cent francs. P. 352. (P. 9, 40 s., 52, 349, 353.)

— Le délit prévu par le précédent article sera puni d'un emprisonnement de six mois à deux ans, et d'une amende de vingt-cinq francs à deux cents francs, s'il a été commis par les tuteurs ou tutrices, instituteurs ou institutrices de l'enfant. P. 353. (P. 9, 40, s., 52, 349, s.)

ABAT-JOUR établis sans permission. — O. 24 déc. 1823. O. 9 juin 1824. P. L.

ABATS (march. d'). — Débris jetés sur la voie publique. O. 1er avril 1832. P. L.

ABATTAGE d'arbres réservés. — F. 33 et 34. P. L.

ABATTOIRS Publics. — Bestiaux tués ou habillés ailleurs qu'aux abattoirs. O. 48 oct. 1829. O. 25 mars 1830. D. 15 avril 1838. E. cl. P. L.

ABEILLES. — Le propriétaire d'un essaim a le droit de le réclamer et de s'en ressaisir tant qu'il n'a pas cessé de le suivre; autrement l'essaim appartient au propriétaire du terrain sur lequel il s'est fixé. — Les abeilles ne peuvent être saisies ni vendues pour aucune cause de dettes, si ce n'est au profit de la personne qui les aura fournies, ou pour l'acquittement de la créance du propriétaire envers son fermier. Dans ces deux derniers cas ce seront toujours les derniers objets saisis en cas d'insuffisance d'autres objets mobiliers. — Pour aucune raison il n'est permis de troubler les abeilles dans leurs courses et travaux, en conséquence, même en cas de saisie légitime, une ruche ne peut être déplacée que dans les mois de décembre, janvier et février. — Il faut dans les campagnes 500 pas de distance de l'apier qu'on veut établir dans son fonds à l'apier du voisin. — (Borny, Recueil des Statuts). — Les abeilles, tant qu'elles n'ont pas été renfermées dans des ruches, sont considérées comme animaux farouches, et appartiennent par conséquent à quiconque s'en empare. Le miel, la cire qu'elles font dans les troncs d'arbres ou ailleurs deviennent la propriété du premier occupant. N. 524. — Loi du 28 sept. 1791. — C. R. (P. L.)

ABLETTES (Pêche des). — O. 25 mars 1830. O. 28 fév. 1842. P. L. — V. *Pêche*.

ABREUVOIR. — Les bestiaux affectés de maladies contagieuses ne doivent pas être conduits aux abreuvoirs communs. — Personne ne peut y conduire plus de deux chevaux, excepté les postillons de la poste qui peuvent en amener quatre. Décl. 28 avril 1782. C. R.

— Constructions, animaux conduits par des enfants, linge lavé dans les abreuvoirs, etc. P. L.

ABSINTHE. — E. cl. P. L.

ABUS d'Autorité. — Tout fonctionnaire de l'ordre administratif ou judiciaire, tout officier de justice ou de police, tout commandant ou agent de la force publique, qui, agissant en sa dite qualité, se sera introduit dans le domicile d'un citoyen contre le gré de celui-ci, hors les cas prévus par la loi, et sans les formalités qu'elle a prescrites, sera puni d'un emprisonnement de six jours à un an, et d'une amende de seize francs à cinq cents francs, sans préjudice de l'application du second paragraphe de l'article 114.

— Tout individu qui se sera introduit à l'aide de menaces ou de violence dans le domicile d'un citoyen, sera puni d'un emprisonnement de six jours à trois mois, et d'une amende de seize francs à deux cents francs. P. 184. (P. 40, s., 52, 185, s. ; I. cr., 16, 36, 46, 483, s.)

— Tout juge ou tribunal, tout administrateur ou autorité administrative, qui, sous quelque prétexte que ce soit, même du silence ou de l'obscurité de la loi, aura dénié de rendre la justice qu'il doit aux parties, après en avoir été requis, et qui aura persévéré dans son déni, après avertissement ou injonction de ses supérieurs, pourra être poursuivi, et sera puni d'une amende de deux cents francs au moins et de cinq cents francs au plus, et de l'interdiction de l'exercice des fonctions publiques depuis cinq ans jusqu'à vingt. P. 185. (P. 9, 42 s., 52 s., 127 ; I. cr., 483 ; Pr. 505, s.)

— Lorsqu'un fonctionnaire ou un officier public, un administrateur, un agent ou un préposé du Gouvernement ou de la police, un exécuteur des mandats de justice ou jugements, un commandant en chef ou en sous-ordre de la force publique, aura, sans motif légitime, usé ou fait user de violences envers les personnes, dans l'exercice ou à l'occasion de l'exercice de ses fonctions, il sera puni selon la nature et la gravité de ces violences, et en élevant la peine suivant la règle posée par l'article 198 ci-après. P. 186. (P. 309, s.)

— Toute suppression, toute ouverture de lettres confiées à la poste, commise ou facilitée par un fonctionnaire ou un agent du Gouvernement ou de l'administration des postes, sera punie d'une amende de seize francs à cinq cents francs, et d'un emprisonnement de trois mois à cinq ans. Le coupable sera, de plus, interdit de toute fonction ou emploi public, pendant cinq ans au moins et dix ans au plus. P. 187 (P. 40, s. 52 s., 80, 378 : I. cr., 179.)

— Tout fonctionnaire public, agent ou préposé du Gouvernement, de quelque état et grade qu'il soit, qui aura requis ou ordonné, fait requérir ou ordonner l'action ou l'emploi de la force publique contre l'exécution d'une loi ou contre la perception d'une contribution légale, ou contre l'exécution soit d'une ordonnance ou mandat de justice, soit de tout autre ordre émané de l'autorité légitime, sera puni de la réclusion. P. 188. (P. 7, 21 28; 47, 189, s. 209 s.)

— Si cette réquisition ou cet ordre ont été suivis de leur effet, la peine sera le *maximum* de la réclusion. P. 189. (P. 188, 190 s.)

— Les peines énoncées aux articles 188 et 189, ne cesseront d'être applicables aux fonctionnaires ou préposés qui auraient agi par ordre de leurs supérieurs, qu'autant que cet ordre aura été donné par ceux-ci pour des objets de leur ressort, et sur lesquels il leur était dû obéissance hiérarchique ; dans ce cas, les peines portées ci-dessus ne seront appliquées qu'aux supérieurs qui les premiers auront donné cet ordre. P. 190 (P. 64, 114, 191, 193.)

— Si par suite desdits ordres ou réquisitions, il survient d'autres crimes punissables de peines plus fortes que celles exprimées aux articles 188 et 189, ces peines plus fortes seront appliquées aux fonctionnaires, agents ou préposés coupables d'avoir donné lesdits ordres ou fait lesdites réquisitions. P. 191. (P. 115, 190, 216, 256, 264.)

ABUS de Confiance. — Quiconque aura abusé des besoins, des faiblesses ou des passions d'un mineur, pour lui faire souscrire, à son préjudice, des obligations, quittances ou décharges, pour prêt d'argent ou de choses mobilières, ou d'effets de commerce, ou de tous autres effets obligatoires, sous quelque forme que cette négociation ait été faite ou déguisée, sera puni d'un emprisonnement de deux mois au moins, de deux ans au plus, et d'une amende qui ne pourra excéder le quart des restitutions et des dommages-intérêts qui seront dus aux parties lésées, ni être moindre de vingt-cinq francs.

— La disposition portée au second paragraphe de l'article 405, pourra de plus être appliquée. P. 406. (P. 40 s., 52, 354, 407, s., 463 ; N. 1149, s.)

— Quiconque abusant d'un blanc-seing qui lui aura été confié, aura frauduleusement écrit au-dessus une obligation ou décharge, ou tout autre acte pouvant compromettre la personne ou la fortune du signataire, sera puni des peines portées en l'article 405. — Dans le cas où le blanc-seing ne lui aurait pas été confié, il sera poursuivi comme faussaire et puni comme tel. P. 407. (P. 9, 40, s., 52, 139, s., 145, s., 150.)

— Quiconque aura détourné ou dissipé, au préjudice des propriétaires, possesseurs ou détenteurs, des effets, deniers, marchandises, billets, quittances ou tous autres écrits contenant ou opérant obligation ou décharge, qui ne lui auraient été remis qu'à titre de louage, de dépôt, de mandat, ou pour un travail salarié ou non salarié, à la charge de les rendre ou représenter ou d'en faire un usage ou un emploi déterminé, sera puni des peines portées en l'article 406. — Si l'abus de confiance prévu et puni par le précédent paragraphe a été commis par un domestique, homme de service à gages, élève, clerc, commis, ouvrier, compagnon ou apprenti, au préjudice de son maître, la peine sera celle de la réclusion. — Le tout sans préjudice de ce qui est dit aux articles 254, 255 et 256 relativement aux soustractions et enlèvements de deniers, effets ou pièces commis dans les dépôts publics. P. 408. (P. 40, s., 52, s., 66, s., 219, 254 s., 386, 415, s.; N.1915; Com. 596 s.)

— Quiconque, après avoir produit, dans une contestation judiciaire, quelque titre, pièce ou mémoire, l'aura soustrait de quelque manière que ce soit, sera puni d'une amende de vingt-cinq francs à trois cents francs. — Cette peine sera prononcée par le tribunal saisi de la contestation. P. 409. (P. 52; Pr. 48, 191.)

ACCAPAREMENT. — Tous ceux qui, par des faits faux ou calomnieux semés à dessein dans le public, par des suroffres faites aux prix que demandaient les vendeurs eux-mêmes, par réunion ou coalition entre les principaux détenteurs d'une même marchandise ou denrée, tendant à ne pas la vendre ou à ne la vendre qu'à un certain prix, ou qui, par des voies ou moyens frauduleux quelconques auront opéré la hausse ou la baisse du prix des denrées ou marchandises ou des papiers et effets publics au-dessus ou au-dessous des prix qu'aurait déterminés la concurrence naturelle et libre du commerce, seront punis d'un emprisonnement d'un mois au moins, d'un an au plus, et d'une amende de cinq cents francs à dix mille francs. Les coupables pourront de plus être mis, par l'arrêt ou le jugement, sous la surveillance de la haute police pendant deux ans au moins et cinq ans au plus. P. 419. (P. 40, s., 52, s., 420, s.)

— La peine sera d'un emprisonnement de deux mois au moins et de deux ans au plus, et d'une amende de mille francs à vingt mille francs, si ces manœuvres ont été pratiquées sur grains, grenailles, farines, substances farineuses, pain, vin ou toute autre boisson. — La mise en surveillance qui pourra être prononcée sera de cinq ans au moins et de dix ans au plus. P. 420. (P. 40, s., 50, 52, 419, 442).

— Les paris qui auront été faits sur la hausse ou la baisse des effets publics seront punis des peines portées par l'article 419. P. 421. (P. 40, s., 52, s., 422).

— Sera réputée pari de ce genre toute convention de vendre ou de livrer des effets publics qui ne seront pas prouvés par le vendeur avoir existé à sa disposition au temps de la convention, ou avoir dû s'y trouver au temps de la livraison. P. 422 (N. 1350, 1352).

ACCIDENTS. — Tout fait quelconque de l'homme qui cause à autrui un dommage, oblige celui par la faute duquel il est arrivé à le réparer. N. 1382.

— Quiconque, par maladresse, imprudence, inattention, négligence ou inobservation des règlements, aura commis involontairement un homicide, ou en aura involontairement été la cause, sera puni d'un emprisonnement de trois mois à deux ans, et d'une amende de cinquante francs à six cents francs. P. 319. (P. 40, s., 52, s., 295, 327, s.; I. cr. 179.)

— S'il n'est résulté du défaut d'adresse ou de précaution que des blessures ou coups, l'emprisonnement sera de six jours à deux mois, et l'amende sera de seize francs à cent francs. P. 320. (P. 40 s., 52.)

— Seront punis d'amende depuis six francs jusqu'à dix francs inclusivement, ceux qui, le pouvant, auront refusé ou négligé de faire les travaux, le service, ou de prêter le secours dont ils auront été requis, dans les circonstances d'accidents, tumultes, naufrage, inondation, incendie ou autres calamités, ainsi que dans les cas de brigandages, pillages, flagrant délit, clameur publique ou d'exécution judiciaire. P. 475 n° 12.

— Seront punis d'une amende de onze à quinze francs inclusivement; — ceux qui, hors les cas prévus depuis l'article 434 jusques et compris l'article 462, auront volontairement causé du dommage aux propriétés mobilières d'autrui; — ceux qui auront occasionné la mort ou la blessure des animaux ou bestiaux appartenant à autrui, par l'effet de la divagation des fous ou furieux, ou d'animaux malfaisants ou féroces, ou par la rapidité ou la mauvaise direction ou le chargement excessif des voitures, chevaux, bêtes de trait, de charge ou de monture; — ceux qui auront occasionné les mêmes dommages par l'emploi ou l'usage d'armes, sans précaution ou avec maladresse, ou par jet de pierres ou d'autres corps durs; — ceux qui auront causé les mêmes accidents par la vétusté, la dégradation, le défaut de réparation ou d'entretien des maisons ou édifices, ou par l'encombrement ou l'excavation, ou telles autres œuvres, dans ou près les rues, chemins, places ou voies publiques, sans les précautions ou signaux ordonnés ou d'usage. P. 479 nos 1, 2, 3 et 4.

— Sur les chemins de fer. — O. 15 nov. 1846. art. 59.

— En mer (réduction des droits de douane). — A. 2 thermidor, an X, art. 1er N. 624. 1348, no 3, 1634, 1751, 1920, 1949, s., P. L.

— Dans une mine. — D. 3 janv. 1813.

ACCOUCHEMENT. — Toute personne qui, ayant assisté à un accouchement, n'aura pas fait la déclaration à elle prescrite par l'article 56 du Code Nap., et dans les délais fixés par l'article 55 du même Code, sera punie d'un emprisonnement de six jours à six mois et d'une amende de seize francs à trois cents francs. P. 346. (P. 9, 49,s., 347 s., ; N. 55, s.)

ACÉTATE de Plomb. — E. cl. P. L.

ACHATS en foire. — Celui qui achètera des bestiaux hors des foires et des marchés sera tenu de les restituer gratuitement au propriétaire en l'état où ils se trouvent dans les cas où ils auraient été volés. — Toute espèce de grains ou de farines ne doit être vendue ni achetée ailleurs qu'aux foires et marchés publics. — Les particuliers qui sont éloignés des lieux de marché sont autorisés à porter leurs achats de blé et de farine à la quantité nécessaire à la consommation de leur famille jusqu'à la récolte prochaine : cette consommation est évaluée à quatre quintaux de blé froment, ou à cinq quintaux de blé mêlé par personne. — Tout fermier cultivateur ayant des grains est tenu d'en faire sa déclaration au préfet ou au sous-préfet, avec engagement d'assurer l'approvisionnement du marché dès qu'il en sera requis.

— Les trois articles ci-dessus ne sont applicables qu'aux temps de disette. — N. 2279. s. — Loi du 28 septembre 1791. — Décret du 4 mai 1812. C. R.

ACIDES. — Acétique, muriatique, nitrique (eau forte), pyroligneux, sulfurique, tartrique. E. cl. P. L.

ACIER. — E. cl. P. L.

ACTES d'Accusation. — I. cr., 241, s., L. 27 juillet 1849, art. 10.— V. Mises en accusation.

— arbitraires. — En exécution des articles 77, 78, 79, 80, 81 et 82 de l'acte des constitutions du 22 frimaire an VIII, quiconque aura connaissance qu'un individu est détenu dans un lieu qui n'a pas été destiné à servir de maison d'arrêt, de justice ou de prison, est tenu d'en donner avis au juge de paix, au procureur impérial ou à son substitut, ou au juge d'instruction, ou au procureur général près la cour impériale. I. cr. 615. (P. 114, s.)

— Tout juge de paix, tout officier chargé du ministère public, tout juge d'instruction est tenu d'office, ou sur l'avis qu'il en aura reçu, sous peine d'être poursuivi comme complice de détention arbitraire, de s'y transporter aussitôt, et de faire mettre en liberté la personne détenue, ou, s'il est allégué quelque cause légale de détention de la faire conduire sur-le-champ devant le magistrat compétent. — Il dressera du tout son procès-verbal. I. cr. 616. (I. cr. 119, s.)

— Il rendra au besoin une ordonnance, dans la forme prescrite par l'article 95 du présent Code. — En cas de résistance, il pourra se faire assister de la force nécessaire, et toute personne requise est tenue de prêter main-forte. I. cr., 617. (I. cr. 99, 108.)

— Tout gardien qui aura refusé, ou de montrer au porteur de l'ordre de l'officier civil ayant la police de la maison d'arrêt, de justice, ou de la prison, la personne du détenu, sur la réquisition qui en sera faite, ou de montrer l'ordre qui le lui défend, ou de faire au juge de paix l'exhibition de ses registres, ou de lui laisser prendre telle copie que celui-ci croira nécessaire de partie de ses registres, sera poursuivi comme coupable ou complice de détention arbitraire. I. cr. 618. (I. cr. 609 ; P. 120.)

— Lorsqu'un fonctionnaire public, un agent ou un préposé du Gouvernement, aura ordonné ou fait quelque acte arbitraire, ou attentatoire soit à la liberté individuelle, soit aux droits civiques d'un ou de plusieurs citoyens, soit à la Constitution, il sera condamné à la peine de la dégradation civique. — Si néanmoins il justifie qu'il a agi par ordre de ses supérieurs pour des objets du ressort de ceux-ci, sur lesquels il leur était dû obéissance hiérarchique, il sera exempt de la peine, laquelle sera, dans ce cas, appliquée seulement aux supérieurs qui auront donné l'ordre. P. 114. (P. 61, 115, s., 190, 321, s.; I. cr. 615.)

— de l'État civil. — Les officiers de l'État civil qui auront inscrit leurs actes sur de simples feuilles volantes seront punis d'un emprisonnement d'un mois au moins et de trois mois au plus, et d'une amende de seize francs à deux cents francs. P. 192. (P. 40 s., 52 s., 195. 463; I. cr., 179. N. 40, 52.)

— Lorsque pour la validité d'un mariage la loi prescrit le consentement des père, mère ou autres personnes et que l'officier de l'état civil ne se sera point assuré de l'existence de ce consentément, il sera puni d'une amende de seize francs à trois cents francs et d'un emprisonnement de six mois au moins et d'un an au plus. P. 193. (P. 40, s., 52, s., 195, 463; N. 156.)

— L'officier de l'état civil sera aussi puni de seize francs à trois cents francs d'amende, lorsqu'il aura reçu, avant le temps prescrit par l'article 228 du code Nap., l'acte de mariage d'une femme ayant déjà été mariée. P. 194. (P. 52, s., 195, 348; I. cr., 179.)

— Les peines portées aux articles précédents contre les officiers de l'état civil leur seront appliquées, lors même que la nullité de leurs actes n'aurait pas été demandée ou aurait été couverte; le tout sans préjudice des peines plus fortes prononcées en cas de collusion, et sans préjudice aussi des autres dispositions pénales du titre V du livre Ier du Code Nap. P. 195 (N. 156, s., 192, s.)

— simulés. — Tout fonctionnaire, tout officier public, tout agent du Gouvernement, qui, soit ouvertement, soit par actes simulés, soit par interposition de personnes, aura pris ou reçu quelque intérêt que ce soit dans les actes, adjudications, entreprises ou régies dont il a ou avait, au temps de l'acte, en tout ou en partie, l'administration ou la surveillance, sera puni d'un emprisonnement de six mois au moins et de deux ans au plus, et sera condamné à une amende qui ne pourra excéder le quart des restitutions et des indemnités, ni être au-dessous du douzième. — Il sera de plus déclaré à jamais incapable d'exercer aucune fonction publique. — La présente disposition est applicable à tout fonctionnaire ou agent du Gouvernement qui aura pris un intérêt quelconque dans une affaire dont il était chargé d'ordonnancer le paiement ou de faire la liquidation. P. 175. (P. 40, 42, s., 52, s; N. 1596; Pr. 711.)

— Tout commandant des divisions militaires, des départements ou des places et villes, tout préfet ou souspréfet, qui aura, dans l'étendue des lieux, où il a droit d'exercer son autorité, fait ouvertement ou par des actes simulés, ou par interposition de personnes, le commerce de grains, grenailles, farines, substances farineuses, vins ou boissons, autres que ceux provenant de ses propriétés, sera puni d'une amende de cinq cents francs au moins, de dix mille francs au plus, et de la confiscation des denrées appartenant à ce commerce. P. 176. (P. 11, 52, s.; N. 1596.)

ACTION civile et action publique. — L'action pour l'application des peines n'appartient qu'aux fonctionnaires auxquels elle est confiée par la loi.

— L'action en réparation du dommage causé par un crime, par un délit ou par une contravention, peut être exercée par tous ceux qui ont souffert de ce dommage. I. cr. 1er. (I. cr. 2, s., 9, 10, 22, s., 55, s., 63, s., 116, s., 135, s., 145, 148, 153, 160, 162, 165, 167, 172, 182, s., 190, 191, 197, 202, 216, s., 271, 273, 287, 315, 319, 321, 333, 359, 361, s., 366, 368, 373, 412, s., 419, 436, 450, 453, 511, 511.)

— L'action publique pour l'application de la peine s'éteint par la mort du prévenu. — L'action civile pour la réparation du dommage peut être exercée contre le prévenu et contre ses représentants. — L'une et l'autre action s'éteignent par la prescription, ainsi qu'il est réglé au livre II, titre VII, chapitre V, *de la prescription.* I. cr. 2. (I. cr. 1, 3, s.; N. 31, 721, 877, 1122.)

— L'action civile peut être poursuivie en même temps et devant les mêmes juges que l'action publique. — Elle

peut aussi l'être séparément : dans
ce cas, l'exercice en est suspendu
tant qu'il n'a pas été prononcé définitivement sur l'action publique in-
tentée avant ou pendant la poursuite
de l'action civile. I. cr. 3. (I. cr. 1,
2, 4, 138, s., 179, s., 230, s., 241,
251, s., 348, 358, 362, 366, 369,
420, 460, 585, 635, s.; N. 235, 327.)
— La renonciation à l'action civile ne
peut arrêter ni suspendre l'exercice
de l'action publique. I. cr. 4. (I. cr.
66, s.; N. 2016; Pr. 249.)
ACQUITTEMENT. — La mise en liberté
du prévenu acquitté ne pourra être
suspendue, lorsqu'aucun appel n'aura été déclaré ou notifié dans les
trois jours de la prononciation du
jugement, I. cr. 206. (I. cr. 28, 191,
203, 358 s.)
— Lorsque l'accusé aura été déclaré
non coupable, le président pronon-
cera qu'il est acquitté de l'accusation, et ordonnera qu'il soit mis en
liberté, s'il n'est retenu pour autre
cause. — La Cour statuera ensuite
sur les dommages-intérêts respectivement prétendus, après que les
parties auront proposé leurs fins
de non-recevoir ou leurs défenses,
et que le procureur général aura été
entendu. — La Cour pourra néanmoins, si elle le juge convenable,
commettre l'un des juges pour en-
tendre les parties, prendre connaissance des pièces et faire son rapport
à l'audience, où les parties pourront
encore présenter leurs observations,
et où le ministère public sera entendu de nouveau. — L'accusé acquitté pourra aussi obtenir des dommages-intérêts contre ses dénoncia-
teurs, pour fait de calomnie; sans
néanmoins que les membres des
autorités constituées puissent être
ainsi poursuivis à raison des avis
qu'ils sont tenus de donner, concernant les délits dont ils ont cru acquérir la connaissance dans l'exercice
de leurs fonctions, et sauf contre
eux la demande en prise à partie,
s'il y a lieu. — Le procureur général
sera tenu, sur la réquisition de l'accusé, de lui faire connaître ses dé-
nonciateurs. I. cr. 358. (I. cr. 29, s.,
66, 409, 412; P. 10, 51 ; T. cr. 42,
71.)
— Toute personne acquittée légalement ne pourra plus être reprise
ni accusée à raison du même fait.
I. cr. 360. (I. cr., 350, 361, 364,
409.)

— Lorsque, dans le cours des débats,
l'accusé aura été inculpé sur un
un autre fait, soit par des pièces,
soit par les dépositions des témoins,
le président, après avoir prononcé
qu'il est acquitté de l'accusation
ordonnera qu'il soit poursuivi à raison du nouveau fait : en conséquence, il le renverra en état de
mandat de comparution ou d'amener, suivant les distinctions établies
par l'art. 91, et même en état de
mandat d'arrêt, s'il y échet devant
le juge d'instruction de l'arrondissement où siège la Cour, pour être
procédé à une nouvelle instruction.
— Cette disposition ne sera toutefois
exécutée que dans le cas où, avant
la clôture des débats, le ministère
public aura fait des réserves à fin
de poursuite. I. cr. 361. (I. cr. 22,
71 ; T. cr. 71.)
— Dans le cas d'absolution comme
dans celui d'acquittement ou de
condamnation, la Cour statuera sur
les dommages-intérêts prétendus par
la partie civile ou par l'accusé ; elle
les liquidera par le même arrêt, ou
commettra l'un des juges pour en-
tendre les parties, prendre connaissance des pièces, et faire du tout
son rapport, ainsi qu'il est dit art.
358. — La Cour ordonnera aussi
que les effets pris seront restitués
au propriétaire. — Néanmoins, s'il
y a eu condamnation, cette res-
titution ne sera faite qu'en justifiant,
par le propriétaire, que le condamné
a laissé passer les délais sans se
pourvoir en cassation, ou, s'il s'est
pourvu, que l'affaire est définitivement terminée. I. cr. 366. (I. cr.
159, 191, 212, 359, 361, s., 373, s.,
412, 474; P. 10, 51.)
— Dans le cas d'acquittement de l'accusé, l'annulation de l'ordonnance
qui l'aura prononcé et de ce qui
l'aura précédé, ne pourra être poursuivie par le ministère public que
dans l'intérêt de la loi et sans préju-
dicier à la partie acquittée. I. cr. 409.
(I. cr., 271, 350, 358, 360, 374, 410,
441, s.)
— Dans aucun cas la partie civile ne
pourra poursuivre l'annulation d'une
ordonnance d'acquittement ou d'un
arrêt d'absolution; mais, si l'arrêt a
prononcé contre elle des condamnations civiles, supérieures aux demandes de la partie acquittée ou ab-
soute, cette disposition de l'arrêt
pourra être annulée sur la demande

de la partie civile. I. cr. 412 (I. cr. 358, 366, 374, 419, 429.)

ADJOINT au Maire. — Apposition de scellés. Pr. 911. — Ouverture des Portes. Pr. 587. L. 5 mai 1855. — Vacation D. 15 fév. 1807, art. 32. V. *Police municipale.*

ADMINISTRATEURS. — Empiétement des autorités administratives et judiciaires. — Seront coupables de forfaiture, et punis de la dégradation civique, — 1° Les juges, les procureurs généraux ou impériaux, ou leurs substituts, les officiers de police, qui se seront immiscés dans l'exercice du pouvoir législatif, soit par des règlements contenant des dispositions législatives, soit en arrêtant ou en suspendant l'exécution d'une ou de plusieurs lois, soit en délibérant sur le point de savoir si les lois seront publiées ou exécutées; — 2° Les juges, les procureurs généraux ou impériaux, ou leurs substituts, les officiers de police judiciaire, qui auraient excédé leur pouvoir, en s'immisçant dans les matières attribuées aux autorités administratives, soit en faisant des règlements sur ces matières, soit en défendant d'exécuter les ordres émanés de l'administration, ou qui, ayant permis ou ordonné de citer des administrateurs pour raison de l'exercice de leurs fonctions, auraient persisté dans l'exécution de leurs jugements ou ordonnances, nonobstant l'annulation qui en aurait été prononcée ou le conflit qui leur aurait été notifié. P. 127. (P. 8, 31, s., 128, s.; I. cr. 9, 483, s.)

— Les juges qui, sur la revendication formellement faite par l'autorité administrative d'une affaire portée devant eux, auront néanmoins procédé au jugement avant la décision de l'autorité supérieure, seront punis chacun d'une amende de seize francs au moins et de cent cinquante francs au plus. — Les officiers du ministère public qui auront fait des réquisitions ou donné des conclusions pour ledit jugement seront punis de la même peine. P. 128. (P. 9, 52, s.; I. cr. 483, s.)

— La peine sera d'une amende de cent francs au moins et de cinq cents francs au plus contre chacun des juges qui, après une réclamation légale des parties intéressées ou de l'autorité administrative, auront, sans autorisation du Gouvernement,

rendu des ordonnances ou décerné des mandats contre ses agents ou préposés, prévenus de crimes ou délits commis dans l'exercice de leurs fonctions. — La même peine sera appliquée aux officiers du ministère public ou de police qui auront requis lesdites ordonnances ou mandats. P. 129. (P. 9, 52, s., I. cr. 483, s.)

— Les préfets, sous-préfets, maires et autres administrateurs, qui se seront immiscés dans l'exercice du pouvoir législatif, comme il est dit au n° 1er de l'article 127, ou qui se seront ingérés de prendre des arrêtés généraux tendant à intimer des ordres ou des défenses quelconques à des cours ou tribunaux, seront punis de la dégradation civique. P. 130. (P. 31, 61.)

— Lorsque ces administrateurs entreprendront sur les fonctions judiciaires en s'ingérant de connaître de droits et intérêts privés du ressort des tribunaux, et qu'après la réclamation des parties ou de l'une d'elles, ils auront néanmoins décidé l'affaire avant que l'autorité supérieure ait prononcé, ils seront punis d'une amende de seize francs au moins et de cent cinquante francs au plus. P. 131. (P. 52, s.)

ADULTÈRE. — L'adultère de la femme ne pourra être dénoncé que par le mari; cette faculté même cessera s'il est dans le cas prévu par l'article 339. P. 336. (P. 324, 337, s.; N. 229, s.; 308, s.)

— La femme convaincue d'adultère subira la peine de l'emprisonnement pendant trois mois au moins et deux ans au plus. — Le mari restera le maître d'arrêter l'effet de cette condamnation, en consentant à reprendre sa femme. P. 337. (P. 40, s., 324, 336, 338, s.)

— Le complice de la femme adultère sera puni de l'emprisonnement pendant le même espace de temps, et, en outre, d'une amende de cent francs à deux mille francs. — Les seules preuves qui pourront être admises contre le prévenu de complicité, seront, outre le flagrant délit, celles résultant de lettres ou autres pièces écrites par le prévenu. P. 338. (P. 40, s., 52, 336.)

— Le mari qui aura entretenu une concubine dans la maison conjugale, et qui aura été convaincu sur la plainte de la femme, sera puni d'une amende de cent francs à deux mille

francs. P. 339. (P. 336, s.; N. 230.)
AÉROSTATS. — Enlevés sans autorisation. — O. 23 avril 1784. O. 21 août 1819. P. L.

AFFICHAGE, Affiches, Afficheurs. — Toute publication ou distribution d'ouvrage écrits, avis, bulletins, affiches, journaux, feuilles périodiques, ou autres imprimés, dans lesquels, ne se trouvera pas l'indication vraie des noms, profession et demeure de l'auteur ou de l'imprimeur, sera, pour ce seul fait, punie d'un emprisonnement de six jours à six mois, contre toute personne qui aura sciemment contribué à la publication ou distribution. P. 283. (P. 40 s., 284, s.)

— Cette disposition sera réduite à des peines de simple police. — 1° A l'égard des crieurs, afficheurs, vendeurs ou distributeurs qui auront fait connaître la personne de laquelle ils tiennent l'écrit imprimé. — 2° A l'égard de quiconque aura fait connaître l'imprimeur ; 3° A l'égard même de l'imprimeur qui aura fait connaître l'auteur. P. 284. (P. 286, 464 s.)

— Si l'écrit imprimé contient quelques provocations à des crimes ou délits, les crieurs, afficheurs, vendeurs et distributeurs seront punis comme complices des provocateurs à moins qu'ils n'aient fait connaître ceux dont ils tiennent l'écrit contenant la provocation. — En cas de révélation ils n'encourront qu'un emprisonnement de six jours à trois mois ; et la peine de complicité ne restera applicable qu'à ceux qui n'auront point fait connaître les personnes dont ils auront reçu l'écrit imprimé, et à l'imprimeur s'il est est connu. P. 285. (P. 40, s., 283, s.

— Dans tous les cas ci-dessus, il y aura confiscation des exemplaires saisis. P. 286.

— Toute exposition ou distribution de chansons, pamphlets, figures ou images contraires aux bonnes mœurs, sera punie d'une amende de seize francs à cinq cents francs, d'un emprisonnement d'un mois à un an, et de la confiscation des planches et des exemplaires imprimés ou gravés de chansons, figures ou autres objets du délit. P. 287. (P. 11, 40, s., 52, s., 288, s., 330, s., 477.)

— La peine d'emprisonnement et l'amende prononcées par l'article précédent, seront réduites à des peines de simple police, — 1° A l'égard des crieurs, vendeurs ou distributeurs qui auront fait connaître la personne qui leur a remis l'objet du délit ; — 2° A l'égard de quiconque aura fait connaître l'imprimeur ou le graveur ; — 3° A l'égard même de l'imprimeur ou du graveur qui auront fait connaître l'auteur ou la personne qui les aura chargés de l'impression ou de la gravure. P. 288. (P. 289, 464, 475.)

— Dans tous les cas exprimés en la présente section, et où l'auteur sera connu, il subira le *maximum* de la peine attachée à l'espèce du délit. P. 289. (P. 40, s., 52.)

— Seront punis d'une amende de onze à quinze francs inclusivement, ceux qui auront méchamment enlevé ou déchiré les affiches apposées par ordre de l'administration. P. 479, n° 9.

— Aucun écrit, soit à la main, soit imprimé, gravé ou lithographié, contenant des nouvelles politiques ou traitant d'objets politiques, ne pourra être affiché ou placardé dans les rues, places ou autres lieux publics. — Sont exceptés de la présente disposition les actes de l'autorité publique.

— Quiconque voudra exercer, même temporairement, la profession d'afficheur ou crieur, de vendeur ou distributeur, sur la voie publique, d'écrits imprimés, lithographiés, gravés ou à la main, sera tenu d'en faire préalablement la déclaration devant l'autorité municipale et d'indiquer son domicile. — Le crieur ou afficheur devra renouveler cette déclaration chaque fois qu'il changera de domicile.

— Les journaux, feuilles quotidiennes ou périodiques, les jugements et autres actes d'une autorité constituée, ne pourront être annoncés dans les rues, places et autres lieux publics, autrement que par leurs titres. — Aucun autre écrit imprimé, lithographié, gravé ou à la main, ne pourra être crié sur la voie publique qu'après que le crieur ou distributeur aura fait connaître à l'autorité municipale le titre sous lequel il veut l'annoncer, et qu'après avoir remis à cette autorité un exemplaire de cet écrit.

— La vente ou distribution de faux extraits de journaux, jugements et actes de l'autorité publique, est défendue, et sera punie des peines ci-après.

— L'infraction aux dispositions des articles 1er et 4 de la présente loi sera punie d'une amende de vingt-cinq à cinq cents francs, et d'un emprisonnement de six jours à un mois, cumulativement ou séparément. — L'auteur ou l'imprimeur des faux extraits défendus par l'article ci-dessus sera puni du double de la peine infligée au crieur, vendeur ou distributeur de faux extraits. — Les peines prononcées par le présent article seront appliquées sans préjudice des autres peines qui pourraient être encourues par suite des crimes et délits résultant de la nature même de l'écrit.

— La connaissance des délits punis par le précédent article est attribuée aux cours d'assises. Ces délits seront poursuivis conformément aux dispositions de l'article 4 de la loi du 8 octobre 1830.

— Toute infraction aux art. 2 et 5 de la présente loi sera punie, par la voie ordinaire de police correctionnelle, d'une amende de vingt-cinq à deux cents francs, et d'un emprisonnement de six jours à un mois, cumulativement ou séparément.

— Dans les cas prévus par la présente loi, les cours d'assises et les tribunaux correctionnels pourront appliquer l'article 463 du Code pénal, si les circonstances leur paraissent atténuantes et si le préjudice causé n'excède pas vingt-cinq francs.

— La loi du 5 nivôse an V, relative aux crieurs publics, et l'art. 290 du Code pénal sont abrogés. (L. 10 déc. 1830, art. 1, 2, 3, 4, 5, 6, 7, 8 et 9.)

— Nul ne pourra exercer, même temporairement, la profession de crieur, de vendeur ou de distributeur sur la voie publique, d'écrits, dessins ou emblèmes imprimés, lithographiés, autographiés, moulés, gravés ou à la main, sans autorisation préalable de l'autorité municipale. — Cette autorisation pourra être retirée. — Les dispositions ci-dessus sont applicables aux chanteurs sur la voie publique.

— Toute contravention à la disposition ci-dessus sera punie d'un emprisonnement de six jours à deux mois pour la première fois, et de deux mois à un an en cas de récidive. — Les contrevenants seront traduits devant les tribunaux correctionnels, qui pourront dans tous les cas, appliquer les dispositions de l'article 463 du Code pénal. L. 16 fév. 1834, 1 et 2.)

— Tout individu qui voudra, au moyen de la peinture ou de tout autre procédé inscrire des affiches dans un lieu public, sur les murs, sur une construction quelconque ou même sur toile, sera tenu préalablement de payer le droit d'affichage établi par l'art. 30 de la loi du 8 juillet 1832, et d'obtenir de l'autorité municipale dans les départements, et à Paris du préfet de police, l'autorisation ou permis d'afficher. — Le paiement du droit se fera au bureau de l'enregistrement dans l'arrondissement duquel se trouvent les communes où les affiches devront être placées. Dans le département de la Seine, il se fera à un ou plusieurs bureaux d'enregistrement désignés à cet effet.

— Le droit sera perçu sur la présentation, pour chaque commune, d'une déclaration en double minute, datée et signée, contenant : — 1° Le texte de l'affiche ; — 2° Les noms, prénoms, professions et domicile de ceux dans l'intérêt desquels l'affiche doit être inscrite et de l'entrepreneur de l'affichage ; — 3° La dimension de l'affiche ; — 4° Le nombre total des exemplaires à inscrire ; — 5° La désignation précise des rues et places où chaque exemplaire devra être inscrit ; — 6° Et le nombre des exemplaires à inscrire dans chacun de ces emplacements. — Un double de la déclaration restera au bureau pour servir de contrôle à la perception ; l'autre, revêtu de la quittance du receveur de l'enregistrement, sera rendu au déclarant. — Les droits régulièrement perçus ne seront point restituables, lors même que, par le fait des tiers, l'affichage ne pourrait avoir lieu. — Mais ces droits seront restitués si l'autorisation d'afficher est refusée par l'administration.

— L'autorité municipale ou le préfet de police ne délivrera le permis d'affichage qu'au vu et sur le dépôt de la déclaration portant quittance dont il est parlé dans l'article précédent et sans préjudice des droits des tiers. — Chaque permis sera enregistré sur un registre spécial par ordre de date et de numéro. — Le numéro du permis devra être lisiblement indiqué au bas de chaque exemplaire de l'affiche, qui devra porter en outre, son numéro d'ordre.

— Aucun exemplaire de l'affiche ne pourra être d'une dimension supérieure à celle pour laquelle le droit aura été payé.

— Les contraventions à l'article 30 de la loi du 8 juillet 1852 et aux dispositions du présent règlement seront constatées par des procès-verbaux rapportés, soit par les préposés de l'administration de l'enregistrement et des domaines, soit par les commissaires, gendarmes, gardes champêtres et tous les autres agents de la force publique.

— Il sera accordé à titre d'indemnité aux gendarmes, gardes champêtres, et autres agents de la force publique qui auront constaté les contraventions, un quart des amendes payées par les contrevenants.

— Les poursuites seront faites à la requête du ministère public et portées devant le tribunal de police correctionnelle dans l'arrondissement duquel la contravention aura été commise.

— Les contraventions à l'art. 1er, au dernier alinéa de l'article 3 et à l'article 4 du présent règlement, seront passibles des peines portées par l'article 30 de la loi du 8 juillet 1852. — Il sera dû une amende pour chaque exemplaire d'affiche inscrit sans paiement du droit ou d'une diminution supérieure à celle pour laquelle le droit aura été payé, et pour chaque exemplaire posé dans un emplacement autre que celui indiqué par la déclaration. — Dans tous les cas, les contrevenants devront rembourser les droits dont le Trésor aura été frustré.

— Ces droits, amendes et frais, seront recouvrés par l'administration de l'enregistrement et des domaines.

— Les individus qui auront fait inscrire des affiches sur les murs antérieurement au 1er août 1852, auront un délai de deux mois, à compter de la même époque, pour acquitter le droit d'affichage et se faire délivrer un permis en se conformant aux dispositions du présent règlement.

— Ce délai expiré, l'administration aura la faculté de faire supprimer lesdites affiches. (D. 25 août 1852, art. 1, 2, 3, 4, 5, 6, 7, 8, 9 et 10.

AFFILIATION à une corporation étrangère. — Le Français qui, sans autorisation de l'Empereur, prendrait du service militaire chez l'étranger, ou s'affilierait à une corporation militaire étrangère, perdra sa qualité de Français. — Il ne pourra rentrer en France qu'avec la permission de l'Empereur, et recouvrer la qualité de Français qu'en remplissant les conditions imposées à l'étranger pour devenir citoyen, le tout sans préjudice des peines prononcées par la loi criminelle contre les Français qui ont porté ou porteront les armes contre leur patrie. — N. 21.

AFFINAGE. — L. 19 brum. an VI, art. 3, s. O. 15 août 1828. E. et P. L.

AFFOUAGE. — C'est le droit de couper dans une forêt du bois pour chauffage et construction. — Le partage des affouages, pâtures, récoltes et fruits communaux se règle par le conseil municipal. — L'affouager ne peut faire aucun trafic des bois qu'il a droit de prendre, ni les employer autrement que pour l'objet à raison duquel ils lui ont été délivrés. — Arrêt de la cour de cassation du 12 oct. 1809. C. R.; F. 105; P. L.

AGENTS de Change. — Obligation de tenir un livre coté, parafé et visé. Com. 84. — Faisant des opérations pour leur propre compte. Com. 86 et 87. — Se prêtant à des négociations en blanc, de lettres de change, billets à ordre ou effets de commerce. Décret du 20 vend. an IV, art. 2 et 3. — S'assemblant ailleurs qu'à la Bourse. A. 27 prair. an X.

AGENTS du Gouvernement. — Les agents du Gouvernement autres que les ministres ne peuvent être poursuivis pour des faits relatifs à leurs fonctions, qu'en vertu d'une décision du conseil d'Etat; en ce cas, la poursuite a lieu devant les tribunaux ordinaires. Const. du 22 frim. an VIII, art. 75.

AGENTS de Police. — Les agents de police doivent exercer leurs fonctions avec impartialité, droiture et bonne foi. — Ils doivent s'acquitter de leur tâche avec toute la modération compatible avec les nécessités de leur service. — A côté des mesures de rigueur qu'elle est obligée de prendre, la police doit être essentiellement protectrice, elle doit prévenir avant de réprimer, être bienveillante sans être faible, vigilante sans être tracassière.

— Pour contribuer d'une manière efficace au soutien de l'ordre, les agents de police, comme les autres fonctionnaires publics, doivent se conformer aux strictes règles de la hiérarchie, ils doivent à leurs chefs soumission sans bassesse, leur zèle doit être exempt d'exagération, leur service doit être fait avec énergie et sang-froid, sans arrogance ni brutalité. — Comme fonctionnaires auxiliaires de l'autorité civile, les agents de police peuvent requérir la force armée. (P. 234.) — Ils peuvent requérir l'assistance des citoyens dans le cas de flagrant délit, d'accident, tumulte, naufrage, inondation, incendie ou autres calamités publiques. (P. 475 n° 12). — Ils obtiennent réparation contre les individus qui leur font rébellion ou les outragent par paroles ou par gestes à l'occasion de leurs fonctions. (P. 209, s. L. 17 avril 1819.) — L'art. 186 du Code pénal est applicable aux agents de police qui se rendent coupables dans l'exercice de leurs fonctions, de voies de fait ou de violences envers les personnes.

AGGRAVATION de Peines. — Hors les cas où la loi règle spécialement les peines encourues pour crimes ou délits commis par les fonctionnaires ou officiers publics, ceux d'entre eux qui auront participé à d'autres crimes ou délits qu'ils étaient chargés de surveiller ou de réprimer, seront punis comme il suit : — S'il s'agit d'un délit de police correctionnelle, ils subiront toujours le maximum de la peine attachée à l'espèce de délit; — Et s'il s'agit de crime, ils seront condamnés, savoir : à la réclusion, si le crime emporte contre tout autre coupable la peine du bannissement ou de la dégradation civique; — Aux travaux forcés à temps, si le crime emporte contre tout autre coupable la peine de la réclusion ou de la détention; — Et aux travaux forcés à perpétuité, lorsque le crime emportera contre tout autre coupable la peine de la déportation ou celle des travaux forcés à temps. — Au delà des cas qui viennent d'être exprimés, la peine commune sera appliquée sans aggravation. P. 198. (P. 333, 462.)

AGIOTAGE. — Par les négociations d'effets publics. A. 27 prair. an X. art. 6.

AIDES des exécuteurs criminels. — D. 18 juin 1811, art. 15.

AIGUILLES des croisements (chemin de fer). — O. 15 nov. 1846, art. 3.

ALCALI. — E. cl. P. L.

ALCOOLS dénaturés (circulation). — L. 24 juill. 1843, art. 5. — Falsifiés V. *Falsification*. E. cl. P. L.

ALIÉNÉS. — L. 30 juin 1838; O. 18 déc. 1839; L. 10 janv. 1849, art. 3.

ALIMENTATION. — Chaudière à vapeur. — O. 22 mai 1843, tit. 2, sec. 3, § 3.

ALIMENTS corrompus ou falsifiés, exposés en vente. — L. 22 juill. 1791; L. 27 mars 1851. P. L. (V. *Falsification.*)

ALLUMETTES. — O. 25 juin 1823, art. 1 et 5. E. cl. P. L.

ALUN. — E. cl. P. L. V. (*Sulfate de fer.*)

ALTÉRATION. — Actes de l'État civil. — Toute altération, tout faux dans les actes de l'état civil, toute inscription de ces actes faite sur une feuille volante et autrement que sur les registres à ce destinés, donneront lieu aux dommages-intérêts des parties, sans préjudice des peines portées au Code pénal. N. 52. (P. 145 à 148, 192 à 195.)

— d'Écriture. — V. *Faux.*

— de Liquides. — Les voituriers, bateliers ou leurs préposés, qui auront altéré des vins ou toute autre espèce de liquides ou de marchandises dont le transport leur avait été confié, et qui auront commis cette altération par le mélange de substances malfaisantes, seront punis de la peine portée à l'article 386. — S'il n'y a pas eu mélange de substances malfaisantes, la peine sera un emprisonnement d'un mois à un an, et une amende de seize francs à cent francs. P. 387. (P. 7, 9, 21, 40, s., 52, 61, 66, 301, s., 317, s., 452, 462, 475.)

— de Marchandises. — L. 27 mars 1851. (V. *Falsification.*)

— de Noms sur des produits fabriqués. — Quiconque aura, soit apposé, soit fait apparaître, par addition, retranchement, ou par une altération quelconque, sur des objets fabriqués, le nom d'un fabricant autre que celui qui en est l'auteur, ou la raison commerciale d'une fabrique autre que celle où lesdits objets auront été fabriqués, ou enfin le nom d'un lieu autre que celui de la fabrication, sera puni des peines portées en l'article 423 du Code pénal, sans préjudice des dommages-intérêts, s'il y a lieu. — Tout marchand, commissionnaire ou débitant quelconque sera passible des effets de la poursuite, lorsqu'il aura sciemment exposé en vente ou mis en circulation les objets marqués de noms supposés ou altérés.

— L'infraction ci-dessus mentionnée cessera, en conséquence, et nonobstant l'article 17 de la loi du 12 avril 1803 (22 germinal an XI), d'être assimilée à la contrefaçon des marques particulières, prévue par les articles 142 et 143 du Code pénal. L. 28 juill. 1824, art. 1 et 2. (V. *Contrefaçon*.

AMAS de matières corrosives contre un mur. — Celui qui fait creuser un puits ou une fosse d'aisance près d'un mur mitoyen ou non; celui qui veut y construire cheminée ou âtre, forge, four ou fourneau; y adosser une étable, ou établir contre ce mur un magasin de sel ou amas de matières corrosives, est obligé à laisser la distance prescrite par les réglements et usages particuliers sur ces objets, ou à faire les ouvrages prescrits par les mêmes réglements et usages, pour éviter de nuire au voisin. N. 674. (N. 552, 657, 662.)

AMENDES. — L'exécution des condamnations à l'amende, aux restitutions, aux dommages-intérêts et aux frais, pourra être poursuivie par la voie de la contrainte par corps. P. 52. (P. 53, 469, Pr. 126; T. cr. 71.)

— Lorsque des amendes et des frais seront prononcés au profit de l'Etat, si, après l'expiration de la peine afflictive ou infamante, l'emprisonnement du condamné, pour l'acquit de ces condamnations pécuniaires, a duré une année complète, il pourra, sur la preuve acquise par les voies de droits, de son absolue insolvabilité, obtenir sa liberté provisoire. — La durée de l'emprisonnement sera réduite à six mois s'il s'agit d'un délit; sauf dans tous les cas, à reprendre la contrainte par corps, s'il survient au condamné quelque moyen de solvabilité. P. 53.

— En cas de concurrence de l'amende avec les restitutions et les dommages-intérêts, sur les biens insuffisants du condamné, ces dernières condamnations obtiendront la préférence. P. 54. (P. 10, 37, 51, s., 468; T. cr., 121.)

— Tous les individus condamnés pour un même crime ou pour un même délit, seront tenus solidairement des amendes, des restitutions, des dommages-intérêts et des frais. P. 55. (P. 59, s., 244; N. 1200.)

— Conformément à l'article 19 de la loi du 19 décembre 1790, les receveurs de l'enregistrement continueront de faire la recette des amendes prononcées tant par voie de police rurale et municipale que par voie de police correctionnelle, à la charge par eux d'en tenir une comptabilité distincte et séparée, d'en rendre compte annuellement aux préfets, et de leur transmettre, au mois de janvier de chaque année, 1° Un état sommaire, et divisé par communes, des sommes dont ils auront opéré le recouvrement dans le cours de l'année précédente, sur les amendes prononcées par voie de simple police; 2° Un état dressé dans la même forme et présentant les recouvrements opérés sur les amendes de police correctionnelle.

— Les greffiers des tribunaux seront tenus d'envoyer aux préfets, au commencement de chaque semestre, le relevé des jugements portant condamnation d'amendes et rendus dans le cours du semestre précédent, pour servir à contrôler les états de recouvrement produits par les receveurs.

— Pourront, en outre, les préfets faire vérifier, quand ils le jugeront convenable, soit par les inspecteurs généraux ou particuliers des finances, soit par les inspecteurs de l'administration de l'enregistrement et des domaines, les états de recouvrement qui leur auront été remis par les receveurs. Ces comptables seront tenus de donner aux inspecteurs désignés pour cette opération, communication de leurs registres et de toutes les pièces et documents qu'elle rendra nécessaires.

— Les amendes de police rurale et municipale qui seront recouvrées à compter du 1er janvier 1824, appartiendront exclusivement aux communes dans lesquelles les contraventions auront été commises, le tout ainsi qu'il est prescrit par l'article 166 du Code pénal. — Le produit en sera versé dans leurs caisses, distraction faite préalablement des remises et taxations des receveurs, sur les mandats qui en seront délivrés, au nom des receveurs municipaux, par les préfets, immédiatement après la remise et la vérification des états de recouvrement.

— Les amendes de police correctionnelle qui seront recouvrées à compter dudit jour 1er janvier 1824,
seront versées par les receveurs des
domaines, distraction faite de leurs
remises ou taxations, et sur les mandats des préfets délivrés également
au vu des états de recouvrement, au
nom des receveurs des finances, à
la caisse de ces derniers comptables,
qui en feront recette distincte au
profit des communes, comme des
produits communaux centralisés à
la recette générale de chaque département, pour être employés sous la
direction des préfets.

— Le produit des amendes versé à la
caisse des receveurs des finances for-
mera un fonds commun qui sera
tenu à la disposition des préfets, et
qui sera applicable, 1° au rembour-
sement des frais de poursuite tombés
en non-valeurs, soit en matière de
police correctionnelle, soit en matière de simple police; 2° au paiement des droits qui seront dus aux
greffiers des tribunaux pour les relevés des jugements mentionnés en
l'article 2; 3° au service des enfants
trouvés ou abandonnés, jusqu'à concurrence du tiers du produit excédant
lesdits frais; 4° et pour les deux autres
tiers, aux dépenses des communes
qui éprouveront le plus de besoins,
d'après la répartition qui en sera
faite par les préfets, et par eux soumise, dans le cours du premier semestre de chaque année, à l'approbation de notre ministre secrétaire
d'État de l'intérieur. L. 30 décembre
1823, art. 1, 2, 3, 4, 5 et 6.

AMIDONNERIE. — E. cl.; P. L.

AMORCES. — Vente en détail. O. 23
juin 1823, art. 5, E. cl. P. L.

— Fulminantes. — O. 30 oct. 1836.
E. cl.; P. L.

AMMONIAQUE. — E. cl.; P. L.

AMPHITHEATRES. — Ouverts sans autorisation, O. 25 nov. 1834. — Dissection de sujets morts de maladies
contagieuses. O. 25 vend. an XI;
P. L.

ANATOMIE (Laboratoire). — Aucune
salle de dissection, soit publique,
soit particulière, aucun laboratoire
d'anatomie, ne pourront être ouverts
sans l'agrément du bureau central,
dans les communes où il en existe;
et ailleurs, sans celui de l'administration municipale : ces administra-
tions feront, pour l'inspection de
ces lieux, toutes les dispositions

qu'elles jugeront nécessaires, sous la
réserve de l'approbation du ministre
de la police générale.

— Pour favoriser l'instruction dans
cette partie de l'art de guérir, les
directeurs et professeurs des établissements chargés de l'enseignement
de l'anatomie, se concerteront avec
le bureau central ou l'administration
municipale.

— Tout individu ayant droit de s'occuper de dissection, sera préalablement tenu : 1° de se faire inscrire
chez le commissaire de police de son
arrondissement; 2° d'observer, pour
obtenir des cadavres, les formalités
qui lui seront prescrites par la police,
en vertu du présent arrêté et des
instructions qui seront données pour
son exécution; 3° de désigner les
lieux où seront déposés les débris
des corps dont il a fait usage, sous
peine d'être privé, à l'avenir, de cette
distribution, dans le cas où il ne les
aurait pas fait porter aux lieux de
sépulture.

— Les enlèvements nocturnes des cadavres inhumés continueront d'être
prohibés, et punis selon la rigueur
des lois.

— Le ministre de la police générale
rendra compte au Directoire des
moyens propres à assurer l'exécution des lois sur la police des dissec-
tions, et lui soumettra ses vues sur
celles qui, d'après les principes de
la législation actuelle, lui paraî-
traient susceptibles de quelques
changements. (A. 3 vend. an VII,
art. 1, 2, 3, 4 et 6.)

ANE. — Vice redhibitoire. Loi 20 mai
1838, art. 1er.

ANGLETERRE. — Extradition. O. 18
mars 1843. — Propriété littéraire.
D. 22 janv. 1852.

ANIMAL. — Usufruit. — Si l'usufruit
n'est établi que sur un animal qui
vient à périr sans la faute de l'usu-
fruitier, celui-ci n'est pas tenu d'en
rendre un autre, ni d'en payer l'estimation. N. 615.

— Le propriétaire d'un animal ou
celui qui s'en sert pendant qu'il est
à son usage, est responsable du dommage que l'animal a causé, soit que
l'animal fût sous sa garde, soit qu'il
fût égaré ou échappé. N. 1385.

ANIMAUX domestiques. — Seront punis d'une amende de cinq francs à
quinze francs et pourront l'être d'un
jour à cinq jours de prison, ceux
qui auront exercé publiquement et

ANNUAIRE

des

HOMMES UTILES

ET DE MÉRITE.

—

1863

ANNUAIRE

des

HOMMES UTILES

ET DE MÉRITE

Nominations, Mutations, Mouvements de Personnel,

Récompenses, etc.

MAGISTRATURE.

Décret du 7 Janvier 1865.

Président de Chambre :

M.

Nicollet, conseiller à la Cour impériale de Grenoble, est nommé président de chambre à la même cour en remplacement de M. Alexandre, qui a été nommé vice-président au tribunal de la Seine.

Conseiller :

M.

Hazard, substitut du procureur général près la cour impériale de Douai, est nommé conseiller à la même cour, en remplacement de M. Grimbert, décédé.

Juges :

MM.

Duruisseau, substitut du procureur impérial près le tribunal de première instance d'Autun (Saône-et-Loire), est nommé juge au même tribunal, en remplacement de M. Piolet, décédé.

Gorsse (Marie-Louis-Gabriel), avocat, docteur en droit, est nommé juge suppléant au tribunal de première instance de Toulouse, (Haute-Garonne), en remplacement de M. Vieu, démissionnaire.

Poumeau de Lapouyade (Léonard-Jules), avocat, est nommé juge suppléant au tribunal de première instance de Limoges (Haute-Vienne), en remplacement de M. de Brugière, démissionnaire.

Caulillon de Lacouture (Jean-Marie), avocat, est nommé juge suppléant au tribunal de première instance d'Angoulême (Charente), en remplacement de M. Prémont, qui a été nommé substitut du procureur impérial.

Lamothe (Vital-Jean-Jacques-Stanislas), avocat, est nommé juge suppléant, au tribunal de première instance de Dax (Landes), en remplacement de M. de Salettes, qui a été nommé juge.

Mercier (Emile), avocat, docteur en droit, est nommé juge suppléant au tribunal de première instance de Mantes (Seine-et-Oise), en remplacement de M. Papillon, qui a été nommé substitut du procureur impérial.

MM.

Geffroy, juge de paix à Bouffarick, est nommé juge suppléant au tribunal de première instance d'Oran (Algérie), en remplacement de M. Bodin, qui a été nommé juge.

Duruisseau, nommé par le présent décret juge au tribunal de première instance d'Autun (Saône-et-Loire), remplira au même siége les fonctions de juge d'instruction en remplacement de M. Piolet.

Lamothe, nommé par le présent décret juge suppléant au tribunal de première instance de Dax (Landes), remplira au même siége les fonctions de juge d'instruction, en remplacement de M. de Salettes

Sont spécialement chargés du réglement des ordres pendant l'année judiciaire 1862/1863 .

Au tribunal de première instance d'Alger, M. Vincent, juge.

Au tribunal de première instance de Constantine (Algérie), M. Lutz, juge.

Au tribunal de première instance d'Oran (Algérie), M. Bodin, juge.

Substituts :

MM.

Gimelle, substitut du procureur impérial près le tribunal de première instance de Lille, est nommé substitut du procureur général près la cour impériale de Douai.

Lefebvre, substitut du procureur impérial près le siége de Saint-Omer, est nommé substitut du procureur impérial près le tribunal de première instance de Lille (Nord).

Poux (Franklin), substitut du procureur impérial près le siége de Saint-Pol, est nommé substitut du procureur impérial près le tribunal de première instance de Saint-Omer (Pas-de-Calais), en remplacement de M. Lefebvre, qui est nommé substitut du procureur impérial à Lille.

Francoville (Charles-Léopold), avocat, docteur en droit, est nommé substitut du procureur impérial près le tribunal de première instance de Saint-Pol (Pas-de-Calais), en remplacement de M. Poux, qui est nommé substitut du procureur impérial à Saint-Omer.

Lorin de Reure, substitut du procureur impérial près le siége de Vassy, est nommé substitut du procureur impérial près le tribunal de première instance d'Autun (Saône-et-Loire), en remplacement de M. Duruisseau qui est nommé juge.

De Saint-Loup (Marie-Joseph), avocat, docteur en droit, est nommé substitut du procureur impérial près le tribunal de première instance de Vassy (Haute-Marne), en remplacement de M. Lorin de Reure, qui est nommé substitut du procureur impérial à Autun.

Juges de paix :

MM.

de Boislaunay, avocat, suppléant actuel, est nommé juge de paix du canton de Béni-Bocage, arr. de Vire (Calvados), en remplacement de M. Le Boucher, décédé.

Loyer, juge de paix d'Aunay, est nommé juge de paix du canton de Vassy, arr. de Vire, en remplacement de M. Michau, qui a été nommé juge de paix de Périers.

Béchade (Guillaume-Hyacinthe), avocat, est nommé juge de paix du canton de Duras, arr. de Marmande (Lot-et-Garonne), en remplacement de M. Malardeau, démissionnaire.

Bizard, juge de paix de Beaupréau, est nommé juge de paix du canton sud-est d'Angers, arr. de ce nom (Maine-et-Loire), en remplacement de M. Houdmon, admis à faire valoir ses droits à la retraite (loi du 9 juin 1863, art. 5, § 1er.)

Démard (Etienne-Hilarion), avocat, est nommé juge de paix du canton de Suippes, arr. de Châlons (Marne), en remplacement de M. Leroux, décédé.

Dépommier, juge de paix de Modane, est nommé juge de paix du canton d'Aiguebelle, arr. de Saint-Jean-de-Maurienne (Savoie), en remplacement de M. Molin, démissionnaire.

Lefèvre, juge de paix du canton de Marle, est nommé juge de paix du canton de Sains, arr. d'Amiens (Somme), en remplacement de M. Louchard.

MM.

Delanglo, juge de paix du canton de Brou (Eure-et-Loir), est nommé juge de paix du canton de Bouffarick (Algérie), en remplacement de M. Geffroy, nommé juge suppléant rétribué au tribunal de première instance d'Oran.

Bruncamp (Félix-Éléonor), ancien notaire, est nommé suppléant du juge de paix du canton de Château-Thierry, arr. de ce nom (Aisne), en remplacement de M. Bourguin, qui a été nommé juge au tribunal de première instance de Soissons.

Bidaux (Honoré-François), ancien notaire, est nommé suppléant du juge de paix du canton de Moy, arr. de Saint-Quentin (Aisne), en remplacement de M. Lematte, démissionnaire.

Cannac (Joseph), adjoint au maire, est nommé suppléant du juge de paix du canton de Pont-de-Salars, arr. de Rodez (Aveyron), en remplacement de M. Monmoton, décédé.

Barbe (Guillaume), avoué, est nommé suppléant du juge de paix du canton *sud* de Confolens, arr. de ce nom (Charente), en remplacement de M. Morichon, démissionnaire.

Lucciardi (Pierre-François-Jacques), est nommé suppléant du juge de paix du canton de Santo-Pietro, arr. de Bastia (Corse), en remplacenent de M. Massiar..

Fournié-Gorre (Antoine-Lucien), notaire et maire, est nommé suppléant du juge de paix du canton de Fumel, arr. de Villeneuve-d'Agen (Lot-et-Garonne), en remplacement de M. Solacroup, décédé.

Le Berre (Denis), maire de Neuillac, est nommé suppléant du juge de paix du canton de Cléquerec, arr. de Napoléonville (Morbihan), en remplacement de M. Odie, démissionnaire.

Gassaux (Nicolas), avoué, est nommé suppléant du juge de paix du canton de Briey, arr. de ce nom (Moselle), en remplacement de M. Berthelemy, décédé.

Andraud (Joseph-Antoine), avocat, est nommé suppléant du juge de paix du canton d'Issoire, arr. du même nom (Puy-de-Dôme), en remplacement de M. Allezard, qui a été nommé juge au tribunal de première instance de Cusset.

Baffrey (Philippe) est nommé suppléant du juge de paix du canton de Wintzenheim, arr. de Colmar (Haut-Rhin), en remplacement de M. Million, décédé.

Bottollier (Jean-François), adjoint au maire de Passy, est nommé suppléant du juge de paix du canton de Saint-Gervais, arr. de Bonneville (Haute-Savoie), en remplacement de M. Pochat, démissionnaire.

Hermitte est nommé suppléant du juge de paix de Mondovic (Algérie), en remplacement de M. Rivaud, démissionnaire.

Tribunal de Commerce du Havre (Seine-Inférieure).

Sont institués : MM.

Lecoq (Arthur-Eugène), président, en remplacement de M. Hermé.

Brindeau, juge au même siége, réélu, en remplacement de M. Monod.

Fournier, juge au même siége, réélu, en remplacement de M. Brindeau.

Leroux, suppléant actuel, juge au même siége, en remplacement de M. Fournier.

Suppléants au même siége.

MM.

Leforestier, réélu.

Derode, réélu, en remplacement de M. Dufour.

Mesneron-Dupin (Augustin), en remplacement de M. Derode.

Lanel (Charles), en remplacement de M. Leroux, nommé juge, mais seulement pour le temps pendant lequel celui-ci devait encore exercer les fonctions de suppléant,

Tribunal de commerce de Tarascon (Bouches-du-Rhône).

MM.

Pons (Jacques), président, en remplacement de M. Barne, mais seulement pendant le temps pour lequel les deux membres du tribunal, institués le 23 novembre 1862, doivent encore exercer leurs fonctions.

Jourdan (Jean-Baptiste), suppléant au même siége, en remplacement de M Mouche, qui a été nommé juge, mais seulement pour le temps pendant lequel celui-ci devait exercer les fonctions de suppléant.

Tribunal de commerce de Mirecourt (Vosges).

M.

Aubry-Deleau (Fourrier), président du tribunal de commerce de Mirecourt (Vosges), en remplacement de M. Bastien Aubry.

Juges au même siége.

MM.

Benoit (Charles), en remplacement de M. Buthod.

Berlemont, en remplacement de M. Pernot, démissionnaire, mais seulement pour le temps pendant lequel celui-ci devait encore exercer.

Rambeau (Aimé), suppléant au même siége, en remplacement de M. Berlemont.

Juges au tribunal de commerce d'Au h (Gers).

MM.

Claireau, réélu.

Darbes, en remplacement de M. Breton.

Cassaignard, suppléant au même siége en remplacement de M. Darbes.

Juges au tribunal de commerce de Clermont-Ferrand (Puy-de-Dôme).

MM.

Péret, suppléant actuel, en remplacement de M. Lavandier.

Rayne, en remplacement de M. Bonnabaud.

Suppléants au même siége.

MM.

Brancher, réélu.

Lavandier, en remplacement de M. Julliard, qui a été nommé juge.

Lespinas, *pour une année*, en remplacement de M. Péret, nommé juge.

Juges au tribunal de commerce d'Ambert (Puy-de-Dôme).

MM.

Grangier-Imberdis, réélu.

Bernard-Dupuis, réélu.

Tarit-Laroye, suppléant au même siége, en remplacement de M. Donaud-Mandet.

Juges au tribunal de commerce de Billom (Puy-de-Dôme).

MM.

Vachier-Gaudel, en remplacement de M. Thomas-Rocher.

Goyon (Pierre), en remplacement de M. Vachier-Foulhouse.

Thomas-Rocher, suppléant au même siége, en remplacement de M. Goyon.

Juges au tribunal de commerce d'Issoire (Puy-de-Dôme).

MM.

Faure (Arthur), réélu en remplacement de M. Calamy.

Farghon (Antoine), en remplacement de M. Faure.

Veyrières (Jean-François), suppléant, en remplacement de M. Farghon.

Juges au tribunal de commerce de Riom (Puy-de-Dôme).

MM.

Polin, en remplacement de M. Lamotte.

Leboyer, suppléant, en remplacement de M. Polin.

Juges au tribunal de commerce de Thiers (Puy-de-Dôme).

MM.

Caburol-Rejoni, en remplacement de M. Légaré-Manbrun.

Ligour-Fouris, suppléant actuel, en remplacement de M. Guillemot-Dufour.

Suppléants au même siége.

MM.

Delaire, en remplacement de M. Caburol-Rejoni.

Guyonin-Jacqueton, en remplacement de M. Michel-Fontsauvage.

M.
Farge-Coupal, *pour une année*, en remplacement de M. Ligour-Fouris, nommé
juge.

Suppléant au tribunal de commerce d'Abbeville (Somme).

M.
Lemaître-Riquier (Charles-Alphonse), en remplacement de M. Riquier (Théophile),
démissionnaire, mais seulement pour le temps pendant lequel celui-ci devait
encore exercer.

COMMERCE.

Montet (Antoine-Alfred), est nommé courtier pour la soie à Lyon (Rhône), en
remplacement de M. Poidebard (Louis-Victor), décédé.

CULTES.

10 janvier 1865.

Mgr
Darboy, évêque de Nancy, est nommé au siége archiépiscopal de Paris, vacant
par le décès de S. Em. le cardinal Morlot.

BARREAU.

M.
Huré (Félix), avocat, a été nommé défenseur près la cour impériale d'Alger.

MAGISTRATURE.

Conseillers :

14 janvier 1865.

MM.
La Caille, juge d'instruction au tribunal de première instance de la Seine, est
nommé conseiller à la cour impériale de Paris, en remplacement de M. Pru-
dhomme, admis sur sa demande, a faire valoir ses droits à la retraite et
nommé conseiller honoraire.
Collomb, procureur impérial près le tribunal de première instance de Saint-
Brieuc, est nommé conseiller à la cour impériale de Grenoble, en remplacement de M. Nicollet, qui a été élu président de chambre.

Présidents :

MM.
Guyard, président du siége de Dreux, est nommé président du tribunal de
première instance de Reims (Marne), en remplacement de M. Huguier, qui
est nommé juge à Paris.
Boulland, juge d'instruction au siége de Châlons-sur-Marne, est nommé président du tribunal de première instance de Dreux (Eure-et-Loir), en
remplacement de M. Guyard, qui est nommé président à Reims.

Juges :

MM.
Huguier, président du siége de Reims, est nommé juge au tribunal de première
instance de la Seine, en remplacement de M. La Caille, qui est nommé
conseiller.
Matagrin, juge suppléant au tribunal de Troyes, est nommé juge au tribunal
de première instance de Châlons-sur-Marne, en remplacement de M. Boulland, qui est nommé président.
Desparbès, juge suppléant au tribunal de première instance d'Auch (Gers), est
nommé juge au même siége, en remplacement de M. Duran, admis à la
retraite et nommé juge honoraire.
Lambert des Tilleuls, juge au tribunal de première instance de la Seine, remplira
au même siége les fonctions de juge d'instruction, en remplacement de
M. La Caille.

MM.

Matagrin, nommé juge au tribunal de première instance de Châlons-sur-Marne, remplira au même siége les fonctions de juge d'instruction, en remplacement de M. Boutland.

Lefebre (des dispenses sont accordées à) nommé par décret du 7 janvier 1863, substitut du procureur impérial près le tribunal de première instance de Lille (Nord), à raison de son alliance, au degré prohibé, avec M. de Coussemaker, juge au même siége.

Tribunal de commerce de Moulins (Allier),

Sont institués : MM.

Deshommes-Beauvais, président, en remplacement de M. Clairefond.

Bruel, réélu juge au même siége.

Pierre, réélu juge au même siége.

Pommier, suppléant au même siége, en remplacement de M. Belot-Desfongères.

Lieb, suppléant au même siége, en remplacement de M. Prévoton.

Tribunal d'Auxonne (Côte-d'Or) :

MM.

Roux, juge pour *une année*, en remplacement de M. Coquet, démissionnaire.

Coquet, juge, en remplacement de M. Aubry.

Aubry, juge, en remplacement de M. Valby-Royer.

Valby-Royer, suppléant au même siége, en remplacement de M. Valby (Joseph).

Boisset, suppléant au même siége, en remplacement de M. Dessirier, décédé.

Tribunal de Chatillon-sur-Seine (Côte-d'Or) :

MM.

Couvreux, président, réélu.

Culmet, juge au même siége, réélu.

Chevallier-Bordet, suppléant au même siége, en remplacement de M. Chaumonot-Berthelemot.

Tribunal de Saint-Jean-de-Losne (Côte-d'Or) :

MM.

Paron-Coste, juge actuel, président, en remplacement de M. Thiery.

Bibet-Celard, juge au même siége, réélu.

Amiot-Berthet (François), juge au même siége, *pour une année*, en remplacement de M. Paron-Coste, nommé président.

Boussard, suppléant au même siége, réélu.

Tribunal de Brest (Finistère) :

MM.

Monjaret de Kerjégu, président, réélu.

Chevillotte (Albert), juge au même siége, en remplacement de M. Le Pontois.

Tissier, aîné, juge au même siége, en remplacement de M. Le Febvre.

Le Querré (François-Mathurin), suppléant au même siége, en remplacement de M. Le Jeune.

Boelle (Victor), suppléant au même siége, réélu.

Tribunal de Saint-Malo (Ille-et-Vilaine) :

MM.

Maillard (Arsène), juge, en remplacement de M. Duguen.

Bidy (Charles), juge, en remplacement de M. Guinot-Boismenu.

Aubert (Jules), suppléant, en remplacement de M. Bidy.

Thomas (Jules), suppléant, en remplacement de M. Follen.

Tribunal de Roanne (Loire) :

MM.

Roubaud (Eugène), juge, en remplacement de M. Seive, *pour un an.*

Lachelette-Nourrisson (Remy), juge, en remplacement de M. Vial.

Barge (Gilbert), juge, en remplacement de M. Chavallard.

Venouillet (Pierre-Edouard), suppléant, en remplacement de M. Barge.

Justices de Paix :

Sont nommés : MM.

Delfosse-Boudinier, juge de paix de Clary, juge de paix du canton de Bohain, arr. de Saint-Quentin (Aisne), en remplacement de M. Allin, décédé.

Cardot, juge de paix de Neuilly-en-Telle, juge de paix du canton de La Capelle, en remplacement de M. Denis, qui a été nommé juge de paix de Doullens.

Gournay, juge de paix de Saint-Denis-du-Sig (Algérie), juge de paix du canton d'Aunay, arr. de Vire (Calvados, en remplacement de M. Loyer, qui a été nommé juge de paix de Vassy.

Rocher (Charles-Clément), licencié en droit, ancien avoué, juge de paix du canton d'Aigrefeuille, arr. de Rochefort (Charente-Inférieure), en remplacement de M. Granier, décédé.

Caustier, suppléant du juge de paix de Châtillon-sur-Indre, juge de paix du canton de Saint-Martin-d'Auxigny, arr. de Bourges (Cher), en remplacement de M. Gibouret, admis sur sa demande à faire valoir ses droits à la retraite.

Icard (François-Théophile-Denis), ancien notaire, maire de Roussillon, juge de paix du canton de Brou, arr. de Chateaudun (Eure-et-Loir), en remplacement de M. Delangle, qui a été nommé juge de paix de Boullarick.

Micheau, suppléant actuel, juge de paix du canton de Saint-Savin, arr. de Blaye (Gironde), en remplacement de M. Godrié, décédé.

Duchateau, juge de paix d'Argenton-sur-Creuse, juge de paix du canton d'Eguzon, arr. de La Châtre (Indre), en remplacement de M. Delagarde, admis à faire valoir ses droits à la retraite.

Girard de Saint-Gérant, suppléant du juge de paix d'Arnay-le-Duc, juge de paix du canton d'Orchies, arr. de Douai (Nord), en remplacement de M. Adam, admis, sur sa demande à faire valoir ses droits à la retraite pour cause d'infirmités.

Bourgoin, suppléant actuel, juge de paix du canton de Fresnay, arr. de Mamers (Sarthe), en remplacement de M. Rigault de Beauvais, admis, sur sa demande, à faire valoir ses droits à la retraite pour cause d'infirmités.

Caron (Jean-Baptiste-Adolphe), juge de paix du canton de Rebais, arr. de Coulommiers (Seine-et-Marne), en remplacement de M. Petit, démissionnaire.

Dufresnel (Henri-Félix), suppléant du juge de paix du canton de Villers-Cotterets, arr. de Soissons, en remplacement de M. Marge, démissionnaire.

Gaultier (Désiré-Louis-André), notaire, suppléant du juge de paix du canton de Senonches, arr. de Dreux (Eure-et-Loire) en remplacement de M. Houvet, démissionnaire.

Levraud (Jean), adjoint au maire, suppléant du juge de paix du canton de Bourg, arr. de Blaye (Gironde), en remplacement de M. Gaignerot, décédé.

Heraud (Jean), notaire, suppléant du juge de paix du canton de Fronsac), arr. de Libourne (Gironde), en remplacement de M. Guénon, démissionnaire.

Foissy (Hubert-Nicolas), conseiller municipal, suppléant du juge de paix du canton de Juzennecourt, arr. de Chaumont (Haute-Marne), en remplacement de M. Petit, démissionnaire.

Berga (Jean-François), notaire, suppléant du juge de paix du 2e canton de Metz, arr. de ce nom (Moselle), en remplacement de M. Poinsignon, démissionnaire.

Fleury (Sénateur-Edouard), maire de la Frenaye, suppléant du juge de paix du canton de Lillebonne, arr. du Havre (Seine-Inférieure), en remplacement de M. Fleury, démissionnaire.

Prud'hommes :

14 Janvier 1863.

Sont nommés : MM.

Faure (Antoine), commissionnaire en rubans, président du conseil des prud'hommes de Saint-Etienne.

Bougy (Pierre), fab. de quincaillerie, vice-président du même conseil.

Bonnet (Jules), ancien fab., président du conseil des prud'hommes de Lyon.

Thevenet (Jean-Antoine), fab. d'étoffes de soie, vice-président du même conseil.

MM.

Vetillart (Marcelin), blanchisseur de toile, président du conseil des prud'hommes du Mans.

Doré (Victor), fondeur de métaux, vice-président du même conseil.

MAGISTRATURE.

21 Janvier 1865.

M.

Jourdan (Marie-Auguste), conseiller à la cour impériale d'Aix, est nommé président de chambre à la cour impériale de Bastia, en remplacement de M. Carbuccia, décédé.

Conseillers :

MM.

De Payan-Dumoulin, président du tribunal de première instance du Puy, est nommé conseiller à la cour impériale d'Aix.

Dubois, procureur impérial près le tribunal de première instance de Nantes, est nommé conseiller à la cour impériale de Lyon, en remplacement de M. Barthélemy, décédé.

Ménard, avocat général près la cour de Rennes, est nommé conseiller à la même cour, en remplacement de M. Bernhart, décédé.

Présidents et vice-présidents :

MM.

Bertrand, vice-président du tribunal de première instance du Puy (Haute-Loire), est nommée président au même siége, en remplacement de M. de Payan-Dumoulin, qui est nommé conseiller.

Bourriaud, procureur impérial près le siége de Laon, est nommé vice-président du tribunal de première instance du Puy (Haute-Loire), en remplacement de M. Bertrand, qui est nommé président.

Avocats généraux et procureurs impériaux :

MM.

Connolly, avocat général près la cour impériale de Nîmes, est nommé premier avocat général près la cour impériale de Rennes, en remplacement de M. Massin, qui est nommé procureur impérial à Nîmes.

Caresme, procureur impérial près le tribunal de première instance de Dieppe, est nommé avocat général près la cour impériale de Nîmes, en remplacement de M. Connolly, qui est nommé premier avocat général.

Gaillard de Kerbertin, substitut du procureur impérial près la cour impériale de Rennes, est nommé avocat général près la même cour, en remplacement de M. Ménard, qui est nommé conseiller.

Coquillette, substitut du procureur général près la cour impériale d'Amiens, est nommé procureur impérial près le tribunal de première instance de Laon (Aisne), en remplacement de M. Bourriaud, qui est nommé vice-président.

Massin, premier avocat général près la cour impériale de Rennes, est nommé procureur impérial près le tribunal de première instance de Nantes, en remplacement de M. Dubois, qui est nommé conseiller.

Anclin, procureur impérial près le siége de Neufchâtel, est nommé procureur impérial près le tribunal de première instance de Dieppe (Seine-Inférieure), en remplacement de M. Caresme, qui est nommé avocat général.

Delavigne, substitut du procureur impérial près le siége du Havre, est nommé procureur impérial près le tribunal de première instance de Neufchâtel (Seine-Inférieure), en remplacement de M. Anclin, qui est nommé procureur impérial à Dieppe.

Juges :

M.

Bonaccorci, juge au siége de Calvi, est nommé juge au tribunal de première instance de Villefranche (Rhône), en remplacement de M. Godinot, qui est nommé juge de paix à Lyon.

MM.

Morainville (Thomas-Eugène), est nommé juge au tribunal de première instance
de Calvi, en remplacement de M. Bonaccorci, qui est nommé juge à Villefranche.

Morisse, juge suppléant au siége d'Yvetot (Seine-inférieure), est nommé juge au
même siége, en remplacement de M. Dubuc, admis à faire valoir ses droits
à la retraite.

Guerguigne (Jean), avocat, est nommé juge suppléant au tribunal de première
instance de Civray (Vienne), en remplacement de M. Beauregard, qui a été
nommé juge de paix.

Nicaud (Gabriel-Anatole), est nommé juge suppléant au tribunal de première
instance de la Châtre (Indre), en remplacement de M. Beraud, qui a été nommé
substitut du procureur impérial.

Des dispenses sont accordées à MM.

Ramé, substitut du procureur général près la cour impériale de Rennes, à raison
de son alliance au degré prohibé avec M. Bouely, premier président de la
même cour.

Pierron, juge suppléant au tribunal de première instance de Metz (Moselle), y est
chargé temporairement de l'instruction, concurremment avec le juge d'instruction titulaire.

Substituts :

MM.

Ramé, substitut du procureur impérial près le tribunal civil de première instance de Rennes, est nommé substitut du procureur général près la même
cour, en remplacement de M. Gaillard de Kerbertin, qui est nommé avocat
général.

Trévedy, substitut du procureur impérial près le siége de Quimper, est nommé
substitut du procureur impérial près le tribunal de première instance de
Rennes (Ille-et-Vilaine), en remplacement de M. Ramé, qui est nommé substitut du procureur général.

Justice de Paix.

M.

Durand (Benjamin), a été nommé interprète judiciaire près la justice de paix
de Coléah (Algérie), en remplacement de Mohammed-ben-Soliman, démissionnaire.

LÉGION-D'HONNEUR.

Au grade de commandeur.

MM.

Balard, membre de l'Institut, membre de la section française du jury international.

Nélaton, professeur à la Faculté de médecine de Paris, membre de la section
française du jury international.

Au grade d'officier :

Sont nommés : MM.

Barral, directeur du *Journal d'agriculture pratique* ; chevalier depuis 7 ans.

Bella, directeur de l'école impériale d'agriculture de Grignon ; chevalier depuis
6 ans.

Demarquay, chirurgien de la maison municipale de santé ; chevalier depuis 10
ans.

Würtz, professeur à la faculté de médecine de Paris ; chevalier depuis 12 ans.

Bourdaloue (Paul-Adrien), ancien conducteur au Corps impérial des ponts et
chaussées. Perfectionnement dans l'art du nivellement ; chevalier depuis 10
ans.

Cail (J.-F.), constructeur de machines à Paris. Perfectionnement des appareils
destinés aux fabriques de sucre et d'alcool ; chevalier depuis 18 ans.

MM.

Chanoine (Jacques-Henri), ingénieur en chef au corps impérial des ponts et chaussées. Invention relative aux barrages établis sur les cours d'eau ; chevalier depuis 22 ans.

Christofle (C), orfèvre à Paris. Excellence dans la fabrication des ouvrages d'orfèvrerie et dans la reproduction des objets d'art par la galvanoplastie ; chevalier depuis 17 ans.

Dickson, fabricant de toiles à Dunkerque (Nord). Services rendus à la marine par l'amélioration de la fabrication des toiles à voiles ; chevalier depuis 9 ans.

Fourdinois père (H.), fabricant de meubles à Paris. Excellence dans la fabrication des meubles de luxe ; chevalier depuis 9 ans.

Gouin (Ernest), constructeur de machines à Paris. Excellence dans la construction des ponts en fer ; chevalier depuis 13 ans.

Grohé (G.), fabricant de meubles à Paris. Excellence dans la fabrication de meubles de luxe ; chevalier depuis 15 ans.

Herz (Henri), facteur de pianos à Paris. Excellence dans la fabrication des pianos ; chevalier depuis 25 ans.

Javal (Léopold), agriculteur à Arès (Gironde). Services rendus par la mise en culture de 2,800 hectares des landes de Gascogne ; chevalier depuis 32 ans.

Maès, fabricant de cristaux à Clichy, près Paris. Excellence dans la fabrication des ouvrages de cristallerie ; chevalier depuis 11 ans.

Mathieu (Claude-Ferdinand), ingénieur en chef des ateliers de l'usine du Creusot. Invention des procédés de levage employés dans la construction du pont de Fribourg ; chevalier depuis 9 ans.

Roman père, fabricant de limes à Wesserling (Haut-Rhin). Excellence dans la fabrication des tissus imprimés ; chevalier depuis 47 ans.

Schattenman, agriculteur à Bouxvillers (Bas-Rhin). Grands services rendus à l'agriculture ; chevalier depuis 18 ans.

Seydoux (Auguste), fabricant de tissus au Cateau (Nord). Excellence dans l'industrie de la filature et du tissage de laine ; chevalier depuis 9 ans.

Du Sommerard, directeur du musée des Thermes et de l'hôtel de Cluny.

Au grade de chevalier :

Adrolphe, architecte de la commission impériale.

Armet de Lisle (J), fabricant de produits chimiques à Paris. Supériorité dans la fabrication du sulfate de quinine et du bleu d'outre-mer.

Barbezat, fondeur de métaux à Paris. Supériorité dans la fabrication des fontes d'ornement.

Baron Baude, ingénieur au corps impérial des ponts et chaussées.

Bary-Mérian (de), fabricant de rubans à Guebwiller (Haut-Rhin). Initiative du tissage des rubans à la mécanique en France.

Barrès (V.), filateur de soie à Saint-Julien (Ardèche). Supériorité dans la filature et le moulinage de la soie.

Baudouin (F.), membre du conseil des prud'hommes de Paris, ancien manufacturier. Invention relative à la fabrication des filets de pêche.

Bayard, photographe à Paris. Inventions relatives à la photographie.

Berger (Pierre), fabricant de verres à Gotzembruck (Moselle). Supériorité dans la fabrication des verres de montres.

Blanchet aîné, fabricant de papiers à Rives (Isère). Perfectionnement dans la fabrication des divers genres de papiers.

Blanzy, fabricant de plumes de fer à Boulogne (Pas-de-Calais). Introduction en France de l'industrie des plumes métalliques.

Boigeol-Japy, filateur de cotons à Giromagny (Haut-Rhin). Supériorité dans la filature et le tissage du coton.

Bouchotte (Emile), meunier à Metz (Moselle). Amélioration dans l'aménagement des moulins.

Braquenié (Alexandre), fabricant de tapis à Aubusson (Creuse). Supériorité dans la fabrication des tapisseries d'ameublement.

Caquet-Vauzelles (Victor), fabricant de soieries à Lyon. Supériorité dans la fabrication des tissus de soie façonnés.

Cavaré, ancien négociant.

MM.

Carré, constructeur d'appareil de réfrigération à Paris. Invention relative à la production de la glace.

Casse fils, fabricant de toiles de lin à Lille. Supériorité dans la fabrication des tissus de lin damassés.

Charrière fils (J.-J.), fabricant d'instruments de chirurgie à Paris. Perfectionnement dans la fabrication de ces instruments.

Chémery, agriculteur à Noirmont (Marne). Supériorité dans la production des céréales.

Chocqueel, fabricant de tapis à Aubusson (Creuse). Supériorité dans la fabrication des tapis et des tapisseries d'ameublement.

Cizancourt (de), ingénieur au corps impérial des mines. Perfectionnement dans la métalurgie et l'exploitation des mines.

Cordonnier (Louis), fabricant à Roubaix (Nord). Supériorité dans la fabrication des tissus de laine mélangée.

Cormouls (Ferdinand), fabricant à Mazamet (Tarn). Progrès considérable dans la fabrication des draps et velours de laine.

Cubain (R.), fabricant de cuivre ouvré à Verneuil (Eure). Supériorité dans le tréfillage et le laminage de ce métal.

Cumming (J.) constructeur d'instruments et de machines agricoles à Orléans (Loiret). Perfectionnement des machines à battre les gerbes des céréales.

Davin (Frédéric), peigneur et filateur de laines à Paris. Progrès persévérants dans le peignage et la filature de la laine.

Decaux (charles), sous-directeur à la manufacture impériale des Gobelins.

Delafontaine (A.-M.), fabricant de bronzes d'art à Paris. Supériorité dans la fabrication de ces produits.

Derriey, fondeur en caractères typographiques à Paris. Grande supériorité dans la fabrication de ces produits.

Desfossé (Jules), fabricant de papiers peints à Paris. Supériorité dans la fabrication des tableaux et décors en papiers peints.

Devisme (L.-F.), arquebusier à Paris. Inventions dans la fabrication des armes à feu.

Dezobry, libraire-éditeur à Paris. Services rendus à l'instruction publique par la publication de livres destinés aux établissements d'éducation ; travaux archéologiques estimés.

Dognin (Camille), fabricant de dentelles à Lyon. Progrès dans la fabrication des tulles de soie et des dentelles de laine à la mécanique.

Donat, chef du service du catalogue.

Dreyfus, maître de forges à Ars-sur-Moselle. Création d'une nouvelle industrie métallurgique dans l'Est de la France, supériorité dans la fabrication des fers étirés.

Duboscq, constructeur d'instruments de physique à Paris. Inventions et perfectionnements dans la construction des appareilles d'électricité et d'optique.

Duché (Jean-Baptiste), fabricant de châles à Paris. Perfectionnement dans la fabrication des châles dits *cachemires français*.

Durand (François), constructeur de machines à Paris. Perfectionnements dans les métiers à tisser dits *à la Jacquart*.

Durenne (A.), fondeur de métaux à Paris. Supériorité dans la fabricrtion des

Duval (Jules), directeur du journal *l'Économiste français*.
fontes d'ornement.

Engelhart (F.), directeur de l'usine de Niederbronn (Bas-Rhin). Progrès dans la fabrication des fontes moulées.

Fanien père, fabricant de chaussures à Lillers (Pas-de-Calais). Fondation d'une grande fabrique de chaussures destinées à l'exportation.

Fannière (F.), orfèvre à Paris. Supériorité dans la ciselure sur métaux.

Fey, fabricant de tissus de soie, à Tours (Indre-et-Loire.) Supériorité dans la fabrication des étoffes d'ameublement.

Fiévet (Constant), agriculteur à Masny (Nord). Progrès dans la culture de la betterave et du lin.

Fontaine, constructeur de machines à Chartres. Supériorité dans la construction des turbines hydrauliques.

MM.

Fourrier-Aubry, fabricant de dentelles à Mirecourt (Vosges). Progrès dans la
fabrication des dentelles et guipures, et dans le choix des dessins.

Froment, peintre de la manufacture impériale de Sèvres. Supériorité dans la
peinture sur porcelaine tendre.

Gantillon (Denis), moireur apprêteur à Lyon. Services rendus à l'industrie des
soieries par la supériorité des apprêts et du moirage.

Gaupillat (André), fabricant de capsules pour armes à feu à Paris. Perfectionnements dans la fabrication de ces produits.

Gélis (A.), fabricant de produits chimiques à Paris. Découverte de procédés nou-
veaux pour la préparation industrielle de plusieurs produits importants.

Gérentet (Claudius), fabricant de rubans à Saint-Étienne (Loire). Supériorité
dans la fabrication de ces produits.

Gevelot (Jules), fabricant de capsules et de cartouches pour armes à feu à Paris.
Perfectionnements dans la fabrication de ces produits.

Giffard, ingénieur civil à Paris. Invention d'un appareil pour l'alimentation régulière des chaudières à vapeur.

Gosse (Auguste-François), fabricant à Bayeux (Calvados). Création et perfectionnements successifs dans la fabrication des porcelaines.

Guerre-Crossart père, ouvrier coutelier à Nogent (Haute-Marne). Supériorité
longtemps maintenue dans la fabrication des couteaux fermants.

Hébert fils (Émile-Frédéric), fabricant à Paris. Perfectionnements dans la fabrication des châles dits *cachemires français.*

Hennecart, fabricant à Paris. Perfectionnements dans la fabrication des tissus de
soie employés au blutage des farines.

Huguenin (Louis), fabricant à Mulhouse, (Haut-Rhin). Supériorité dans la fabrication des tissus de coton imprimés pour ameublement.

Imbert, administrateur directeur de la société des houillères de Rive-de-Gier
(Loire). Perfectionnements dans l'exploitation des houillères.

Kopp (Émile), chimiste à Saverne (Bas-Rhin). Invention relative à l'extraction de
la matière colorante de la garance.

Laboulaye (Charles), ancien fondeur en caractères.

Lagache (Julien), fabricant à Roubaix (Nord). Supériorité dans la fabrication
des tissus de laine pour gilets.

Larsonnier (Gustave), fabricant de tissus, membre de la chambre de commerce
de Paris.

Laurent (Auguste), fabricant d'appareils de sondage à Paris. Perfectionnements
dans l'industrie des sondages.

Lécorché (le docteur), médecin de la commission impériale.

Legrix, fabricant à Elbeuf (Seine-Inférieure). Supériorité dans la fabrication
des étoffes de laine dites drap nouveautés pour pantalons et gilets.

Lequien père, directeur d'une école municipale de dessin à Paris. Services
rendus à l'enseignement du dessin et du modelage pour les ouvriers.

Lerolle, fabricant de bronzes d'art à Paris. Supériorité dans la fabrication de ces
produits.

Luër (G.-A.), fabricant d'instruments de chirurgie à Paris. Excellence dans la
fabrication ce ces instruments.

Luuyt, ingénieur au corps impérial des mines.

Marlin (Émile), fabricant de pâtes alimentaires à Paris. Invention d'un procédé

Masson (Victor), libraire-éditeur, juge au tribunal de commerce de la Seine.
d'extraction de la fécule de froment sans perte de gluten.

Mathieu (L.-J.), fabricant d'instruments de chirurgie à Paris. Inventions et
perfectionnements dans la fabrication de ces instruments.

Merle (Henri), fabricant de produits chimiques à Alais (Gard). Exploitation des
eaux-mères des marais salants pour la production du sulfate de soude et du
chlorure de potassium.

Million (Jean-Pierre), fabricant à Lyon. Supériorité dans la production des
tissus de soie unie.

Montessuy, fabricant à Lyon. Supériorité dans la fabrication des crêpes.

Morin (Paul), directeur d'une fabrique d'aluminium, à Nanterre (Seine). Initiative de la production industrielle de l'aluminium.

MM.

Motte-Bossut, filateur à Roubaix (Nord). Supériorité dans la filature des cotons fins et mi-fins.

Mourceau (Charles), fabricant à Paris. Supériorité dans la fabrication des étoffes d'ameublement.

Müller, dessinateur. Services éminents rendus aux fabriques de tissus et de papiers peints.

Normand, fabricant de presses typographiques à Paris. Découverte d'un nouveau mode de transmission.

Patoux (Adolphe), fabricant de verre à Aniche (Nord). Supériorité dans la fabrication du verre à vitre.

Peltereau (Placide), tanneur à Château-Renaud (Indre-et-Loire). Supériorité dans l'industrie du tannage des cuirs.

Picault (Gustave-François), coutelier à Paris. Inventions relatives à la coutellerie.

Pihan (père), prote pour les langues orientales à l'imprimerie impériale à Paris. Services rendus à la typographie des langues orientales en France.

Poitevin (A.), photographe à Paris. Invention des procédés lithophotographiques et de la photographie au charbon.

Pougnet (Maximilien), directeur de la société houillère de Carling (Moselle). Perfectionnements dans l'exploitation des mines.

Prévost (Florent), aide naturaliste au Muséum d'histoire naturelle de Paris. Services rendus à l'agriculture par ses recherches sur l'alimentation des oiseaux.

Renard (Francisque), fabricant de produits tinctoriaux à Lyon. Invention de la teinture au rouge d'aniline.

Robert Faure (Charles), fabricant de dentelles au Puy (Haute-Loire). Progrès dans la fabrication des dentelles noires.

Rognès (Auguste), chef du service du secrétariat.

Rouqués (A.), teinturier à Clichy, près Paris. Perfectionnements dans l'industrie de la teinture.

Roux (Charles), fabricant de savons à Marseille. Supériorité dans la fabrication des savons dits de Marseille.

Sebille (Charles), fabricant de tuyaux à Nantes. Inventions relatives à la fabrication des tuyaux en plomb étamé, et des tuyaux en poussiers d'ardoise ou coke.

Servant (Alexandre), fourreur à Paris. Perfectionnements dans l'industrie de la fourrure.

Steiner (Charles), teinturier à Ribeauvillé (Haut-Rhin). Perfectionnements de la teinture au rouge d'Andrinople.

Tailbouis (Eugène), fabricant de bonneterie.

Taurines (J.-M.-H.-A.), constructeur d'appareils de précision à Paris. Inventions relatives au dyanomètre et aux instruments de pesage.

Thiébaut (Victor), fondeur de métaux à Paris. Supériorité dans la fonte des bronzes d'art.

Vauquelin (Félix), fabricant à Elbeuf (Seine-Inférieure). Supériorité dans la fabrication des étoffes de laine, dites drap nouveautés pour pantalons et gilets.

Villeminot-Huart, fabricant à Reims (Marne). Perfectionnements dans le tissage mécanique des étoffes de laine peignée.

Vissière, constructeur de chronomètres au Havre (Seine-Inférieure). Excellence dans la construction des instruments d'horlogerie.

Wolff (Auguste), facteur de pianos à Paris. Perfectionnement et excellence dans la fabrication des pianos.

TRIBUNAUX DE COMMERCE.

24 janvier.

Tribunal de commerce de Dijon (Côte-d'Or) :

Sont institués : MM.

Cellard, président, réélu.

Villet, juge au même siège, réélu.

MM.
Grenier, juge au même siége, réélu.
Guiot, suppléant au même siége, réélu.
Magnin, suppléant au même siége, réélu.

Tribunal de commerce de Nîmes (Gard) :

MM.
Granier, président, réélu.
Maroger, juge, réélu.
Mercier (Antoine-Ferdinand-Constantin), juge, en remplacement de M. Lamarque.
Picheral, suppléant, réélu.
Combié (Paul-André-Maurice), en remplacement de M. Mercier.
Fournier (Louis-François-Marie), en remplacement de M. Pellorjas-Viala.

Tribunal de commerce d'Anduze (Gard) :

MM.
Mirial (Emile), juge, en remplacement de M. Beaumier Dufaix.
Privat (Julien), juge, en remplacement de M. Gervais.
Fesquel, suppléant actuel, juge, en remplacement de M. Bernard, non ac
    tant, mais seulement pour siéger jusqu'à l'expiration du mandat qui a
    confié à ce dernier.
Altérac (Ferdinand), suppléant, en remplacement de M. Vernet.
Molinié (Hippolyte), suppléant, en remplacement de M. Fesquet, nommé juge,
    mais seulement pour le temps pendant lequel celui-ci devait encore exercer
    les fonctions de suppléant.

Tribunal de commerce de Vienne (Isère) :

MM.
Vigier, président, réélu, mais seulement pour siéger jusqu'au renouvellement
    partiel de 1864.
Gonet neveu (Eugène), juge, en remplacement de M. Panet.
Harel (Adon-Siffroi), suppléant, en remplacement de M. Vincent.
Reymond (Ulysse Noël), suppléant, en remplacement de M. Richard.

Tribunal de commerce de Niort (Deux-Sèvres) :

MM.
Defont, président, réélu.
Noirot (Ernest), juge, en remplacement de M. Riom.
Breuillac, juge, réélu.
Pellevoisin, suppléant, réélu.
Vincent-Frogé, suppléant, réélu.

Tribunal de commerce d'Alby (Tarn) :

MM.
Jehier, président, réélu.
Prunet aîné, juge, en remplacement de M. Delmas (André).
Lafon aîné (Pierre), juge, en remplacement de M. Juéry.
Farsac fils, suppléant, réélu.
Gardel, suppléant, réélu.

Tribunal de commerce d'Auxerre (Yonne) :

MM.
Mérat-Beugnon, président, en remplacement de M. Laurent-Lesseré.
Pinard, juge, en remplacement de M. Mérat-Beugnon.
Legueux, juge, réélu.
Bardout-Gaillard, juge, pour une année, en remplacement de M. Truffos, dé-
    missionnaire.
Mariau (Armand), suppléant, en remplacement de M. Béronie, démissionnaire,
    mais seulement pour le temps pendant lequel celui-ci devait encore exercer.

Les Lois spéciales formant un

GUIDE

DES

ÉLECTEURS

ET DES

ÉLIGIBLES

Pour 1863

Se trouvent réunies dans la présente livraison du
Casier de Lois.

Prix : UN FRANC.

La 2me et la 3me livraison du Casier des Lois sont sous presse; Elles paraîtront successivement de mois en mois; ces livraisons contiendront la fin du complément de la Constitution, la première section des Lois nouvelles, la première section des Lois concernant l'Agriculture, la première section des Lois de Commerce, la suite du Code alphabétique des Infractions et la suite de l'Annuaire des Hommes utiles.

HAVRE. — IMP. CARPENTIER ET Cie, RUE BEAUVERGER, 2.

Contraste insuffisant

NF Z 43-120-14